GLOBAL CULTURE & MANNERS

글로벌 문화와 매너

홍지숙 · 신정민

정독
DEEP READING

GLOBAL CULTURE & MANNERS

글로벌 문화와 매너

마음의 언어, 매너

요즘처럼 세계가 빠르게 연결되고, 다양한 문화가 일상 속으로 스며드는 시대에 우리는 그 어느 때보다 '다름'을 자주 마주하게 됩니다. 해외여행지에서, 외국인을 응대하는 서비스 현장에서, 또는 온라인 회의나 교류 활동 속에서 말이죠. 그럴 때마다 우리는 "지식만으로는 부족하구나. 함께 살아가려면 태도와 매너가 필요하구나"라는 것을 깨닫게 됩니다.

『글로벌 문화와 매너』는 단순히 '어떻게 행동해야 한다'는 정답을 알려주는 책이 아닙니다. 다양한 문화권 속에서 '왜 그렇게 행동하게 되었는지'를 함께 이해하고, 그 차이를 존중하며 소통하는 방법을 배울 수 있도록 돕는 안내서입니다.

한 국가의 매너는 그 사회의 역사와 철학, 그리고 사람들의 삶의 방식이 오랜 시간에 걸쳐 쌓여 만들어진 결과입니다. 명함을 주고받는 방식, 식사 중 대화의 주제, 결혼식과 장례식에서의 인사법, 공공장소에서의 말투와 표정까지 모든 문화적 행동은 그 자체로 하나의 '언어'입니다. 그 언어를 읽고 이해하는 힘은, 곧 세계와 소통할 수 있는 첫걸음이 됩니다.

이 책은 특히 글로벌 현장에 첫발을 내딛는 대학생과 청년들을 위한 책입니다. 실제 수업 현장에서 만난 수많은 학생들이 "교양으로 배운 매너 덕분에 여행이 더 편해졌어요", "인턴십에서 외국 손님을 응대할 때 자신감이 생겼어요"라고 이야기하는 모습을 보며, 이 교재의 방향성을 더욱 확신하게 되었습니다.

우리는 이 책에서 단순한 예절 지침이 아니라, 일상 속에서 누구나 실천할 수 있는 글로벌 커뮤니케이션의 감각을 키워가고자 했습니다. 각 장마다 생활 속 사례와 문화 비교, 실천 활동과 토론 주제를 담아 학생들이 단순히 '알고 끝나는' 것이 아니라, '공감하고 실천할 수 있도록' 구성했습니다.

이 책을 통해 여러분이 익히게 될 것은 단지 문화적 지식이 아닙니다. 더 나아가, 낯선 문화를 마주했을 때 호기심을 갖고 다가갈 줄 아는 태도, 서툰 상대를 만났을 때 배려하며 기다릴 수 있는 여유, 다른 의견 앞에서 나를 낮추고 귀 기울일 줄 아는 인성, 이러한 태도가 곧 여러분을 세계 어디서든 빛나게 해줄 자산이 될 것입니다.

우리는 지식을 전하는 사람이기 전에, 사람을 대하는 법을 함께 배우고 싶은 교육자입니다. 세상과 소통할 수 있는 품격을 갖춘 사람, 다른 이들을 편안하게 만드는 따뜻한 사람, 그런 사람이 되는 길에 이 책이 작지만 든든한 동반자가 되어주길 바랍니다. 인성과 태도는 시대를 막론하고 사람을 가장 오래 기억에 남게 만드는 힘입니다.

이 책을 펼친 오늘이, 여러분의 '글로벌 매너' 여정의 좋은 시작이 되기를 진심으로 바랍니다.

함께 배우고, 함께 성장하기를 꿈꾸며

홍지숙

차 례

CHAPTER 3 인사와 복장이 만드는 첫인상

CHAPTER 4 일상 속 매너, TPO매너

CHAPTER 5 공공장소에서의 배려와 문화

CHAPTER 6 글로벌 비즈니스 매너

CHAPTER 7 일 잘하는 사람의 커뮤니케이션 매너

CHAPTER 8 여행 매너(공항, 비행기, 이동 중 에티켓)

CHAPTER 9 글로벌 여행자의 호텔·팁·관광 가이드

CHAPTER 10 와인과 함께하는 서양식 테이블 매너

CHAPTER 11 한국·일본·중국의 테이블 매너와 음주 문화

CHAPTER 12 나라별 비즈니스 문화와 실전 매너

CHAPTER

1

문화와 에티켓의 이해

제1장

문화와 에티켓의 이해

1 문화의 개념과 정의

1.1 문화의 어원과 발전

'문화'라는 단어는 라틴어 cultura에서 유래하였으며, 원래는 '경작하다', '돌보다'는 의미를 지닌다. 고대 로마의 철학자 키케로는 인간의 정신을 가꾸는 것을 '영혼의 경작(cultura animi)'이라 표현하며 철학적 의미로 사용했다.

17세기 유럽에서는 '문화'가 인간을 세련되게 하고 교양을 쌓는다는 뜻으로 쓰였으며, 19세기에는 한 사회의 전반적인 생활방식을 가리키는 개념으로 확장되었다.

한편, 동아시아에서의 '문화(文化)'는 '글월 문(文)'과 '변할 화(化)'로 구성되어, 예의와 학문을 통해 세상을 교화한다는 뜻을 담고 있다. 동서양 모두에서 문화는 인간 삶을 풍요롭게 만드는 과정과 결과를 의미하게 되었다.

1.2 문화의 학술적 정의

문화인류학자 에드워드 타일러(E.B. Tylor)는 문화를 "지식, 신념, 예술, 도덕, 법, 관습 등 인간이 사회 구성원으로서 학습을 통해 습득한 모든 능력과 습관의 총합"이라고 정의하였다.

즉, 문화는 인간이 태어나면서부터 자연스럽게 습득해가는 생활양식 전체를 의미하며, 유전이 아닌 학습을 통해 전해진다.

문화에는 비물질적 요소(예: 언어, 종교, 예술)와 물질적 요소(예: 의복, 주거, 기술 등)가 모두 포함된다. 이는 문화를 단순한 '지식'이 아니라 인간 생활 전반을 이루는 틀로 이해해야 함을 보여준다.

1.3 문화에 대한 두 가지 관점

문화는 다양한 시각에서 해석되는데, 대표적으로 총체론적 관점과 관념론적 관점이 있다.

총체론적 관점은 문화를 구성하는 요소들을 하나의 통합된 체계로 본다. 예를 들어 전통 의복을 이해하기 위해서는 그 시대의 사회 제도, 기술, 가치관 등 여러 요소를 함께 살펴야 한다.

관념론적 관점은 문화의 핵심을 그 사회의 신념, 가치관, 이념 등 정신적 요소에 두며, 문화는 사회를 이끄는 사상적 기반이라고 본다.

결국 총체론은 문화의 구조와 상호작용을 강조하고, 관념론은 문화의 정신적 의미를 강조하는 시각이라 할 수 있다.

2 문화의 속성

문화는 모든 사회에 존재하지만, 공통적으로 지니는 몇 가지 핵심적인 특성이 있다. 일반적으로 학자들은 문화의 속성을 다섯 가지로 설명한다.

1) 학습되는 특성(학습성)

문화는 타고나는 것이 아니라 배우는 것이다. 사람은 태어난 이후 가정, 학교, 사회생활을 통해 언어, 예절, 사고방식 등 다양한 문화 요소를 익히게 된다. 예를 들어 식사 예절이나 인사하는 방법은 주위 사람들의 행동을 관찰하고 따라하면서 자연스럽게 습득된다. 이러한 과정을 통해 문화는 개인에게 전해진다.

2) 함께 나누는 특성(공유성)

문화는 사회 구성원들이 함께 사용하는 생활 방식이다. 같은 사회 안에서는 공통된 언어를 쓰고, 비슷한 행동 기준과 예절을 따르기 때문에 서로 간의 소통과 이해가 가능하다. 이처럼 공유된 문화는 사회 구성원들에게 소속감을 주고, 사회의 정체성을 형성하는 기반이 된다.

3) 누적되는 특성(축적성)

문화는 시간의 흐름에 따라 축적되며 다음 세대로 전해진다. 과거 사람들의 경험과 지혜는 말이나 글, 기록 등을 통해 전해지고, 여기에 새로운 요소들이 더해지면서 문화는 점점 풍부해진다. 예를 들어 전통 의상에 현대적 디자인이 더해지거나, 민속음악에 대중음악적 요소가 결합되는 것도 문화의 축적성 때문이다.

4) 통합적 특성(전체성)

문화는 여러 요소가 유기적으로 연결된 하나의 체계이다. 한 부분이 변하면 다른 부분도 영향을 받아 전체가 함께 조정된다. 예를 들어 기술이 발전하면 소통 방식이나 가족 관계 등 다른 문화 요소들도 바뀔 수 있다. 따라서 문화를 이해할 때는 하나의 요소만 보지 않고, 전체적인 맥락 속에서 파악해야 한다.

5) 변화하는 특성(변화성)

문화는 고정된 것이 아니라 시대와 환경에 따라 계속 바뀐다. 새로운 기술의 등장, 외부 문화와의 접촉, 사회 구조의 변화 등은 문화에 영향을 주며, 그에 따라 새로운 예절이나 생활양식이 생겨난다. 예를 들어 인터넷의 발달로 인해 디지털 에티켓이 생긴 것이 그 대표적인 예이다. 또한 서로 다른 문화가 만나 새로운 문화를 만들어내기도 한다.

이처럼 문화는 배우고(학습), 나누고(공유), 쌓이며(축적), 서로 연결되고(통합), 계속 변해가는(변화) 살아 있는 생활의 틀이라고 할 수 있다.

3 에티켓의 어원과 역사적 배경

'에티켓(Etiquette)'이라는 말은 오늘날 예의범절, 사회적 예절을 뜻하지만, 본래는 프랑스어 étiquette에서 비롯되었다. 이 단어는 원래 '꼬리표', '라벨', '표지판' 같은 의미로 사용되었다.

17세기 프랑스 루이 14세의 궁정에서는 정원사가 잔디 보호를 위해 '잔디밭에 들어가지 마세요'라는 표지판을 설치했다. 이 경고문을 étiquette라 불렀는데, 귀족들이 이를 무시하고 잔디를 밟자 정원사는 왕에게 호소했고, 루이 14세는 궁정 예절을 지키지 않는 자에게 벌을 주겠다는 명령을 내렸다. 이 사건 이후 에티켓은 단순한 표지가 아닌, 공식 석상에서 지켜야 할 행동 규칙을 의미하게 되었으며, 점차 일반 사회의 예의 범절로 확장되었다.

18세기 무렵부터 영어권에서는 etiquette가 사회생활에서 필요한 예절을 뜻하는 단어로 자리 잡게 되었다. 이처럼 에티켓은 처음에는 권위 있는 장소에서의 규율로 시작했지만, 점차 모든 사회 구성원이 지켜야 할 공통의 예절 규칙으로 발전하였다.

3.1 매너의 개념과 필요성(노버트 엘리아스의 이론)

매너(Manner)는 타인을 대할 때 드러나는 품행이나 태도, 그리고 배려하는 행동 방식을 말한다. 어원은 라틴어 manus(손)에서 비롯되었으며, 프랑스어 manière를 거쳐 '행동 방식'을 의미하게 되었다. 즉, 매너는 정해진 규칙이라기보다 개인의 태도와 습관을 통해 드러나는 예의를 말한다. 예를 들어, 식사할 때 조용히 먹거나 처음 만난 사람에게 공손히 인사하는 행동은 매너 있는 태도의 예다.

독일의 사회학자 노버트 엘리아스(Norbert Elias)는 그의 저서 『문명화 과정』(1939)에서 매너의 발달 이유를 설명했다. 그는 중세부터 근대에 이르는 유럽 사회를 분석하며, 국가 권력이 강화되고 사람들이 밀접하게 살아가면서 서로를 배려하고 감정을 조절하는 습관이 필요해졌다고 보았다. 과거에는 공개된 장소에서 침을 뱉거나 거친 행동도 허용되었지만, 점차 부끄러움과 불쾌함에 대한 인식이 높아지면서 사회적으로 용납되지 않게 되었고, 이런 자기조절이 바로 매너의 본질이라는 것이다. 특히 궁정에서 시작된 행동 규범은 일반 시민에게도 영향을 미쳐 전체 사회로 확산되었다.

결국 매너는 복잡한 사회 안에서 서로 충돌하지 않고 조화롭게 살아가기 위한 사회적 장치다. 예절 없는 행동은 타인에게 불쾌감을 줄 뿐만 아니라 갈등의 원인이 되므로, 매너는 원활한 소통과 사회 질서 유지를 위한 필수 요소로 자리 잡았다.

또한 매너는 타인을 존중하는 태도이자, 자신의 품격을 드러내는 표현이기도 하다. 겉으로는 외부 규칙처럼 보일 수 있지만, 시간이 지나면 개인의 도덕적 습관으로 내면화되어 자연스럽게 실천하게 된다. 이 때문에 어려서부터 가정과 학교에서 매너 교육이 필요하며, 성인이 되어서도 지속적으로 자신을 돌아보고 다듬어 가는 노력이 중요하다.

4 매너의 문명화 과정(중세에서 현대까지)

매너는 단순한 예절이 아니라, 시대와 사회의 발전에 따라 끊임없이 변화하고 정교해져 온 인간 문명의 결과물이다. 노버트 엘리아스의 연구를 바탕으로 서구 사회의 매너가 어떻게 발전해왔는지 시대별로 살펴보면 다음과 같다.

1) 중세 시대 — 느슨한 예절과 거친 일상

중세 유럽 사회는 오늘날 기준으로 보면 예절 개념이 상당히 느슨했다. 음식을 손으로 집어먹고 뼈를 바닥에 버리는가 하면, 식탁에서 큰 소리로 트림하거나 코를 푸는 행동도 문제 되지 않았다. 당시에는 공동체 중심의 생활이 일반적이었고, 개인의 위생이나 수치심에 대한 인식도 낮았다. 결투, 공개처형 등 폭력적인 문화도 흔했으며, 감정 표현 역시 직접적이고 자유로웠다.

2) 르네상스~절대왕정기 — 궁정 매너의 탄생

15~17세기, 왕권이 강화되고 귀족 중심의 궁정 사회가 자리 잡으면서, 우

아하고 격식 있는 매너가 본격적으로 정립되기 시작했다. 특히 프랑스 루이 14세의 베르사유 궁정은 궁정 예절의 상징이었다. 포크와 나이프 사용, 식탁에서의 절제된 행동, 숙녀에 대한 배려, 인사 예절 등이 정교하게 발전했다. 이런 예절은 귀족의 품격과 위계를 구분짓는 상징이었고, 왕은 궁정 예절을 통해 권력을 강화하였다. 궁정 매너는 유럽 전역으로 퍼지며, 상류 사회의 기본 교양으로 자리 잡게 되었다.

3) 근대 산업사회 — 시민 교양으로 확산

18~19세기 산업혁명 이후, 사회 구조가 다양해지고 중산층이 성장하면서 매너는 더 이상 귀족만의 전유물이 아니게 되었다. 시민들도 교양 있는 태도를 중요시하게 되었고, '신사와 숙녀'가 되기 위한 매너 교육이 일상화되었다. 이 시기에는 예절 안내서나 매너북이 출판되어 식사 예법, 인사법, 편지 쓰기 등 세세한 행동 지침이 전파되었다. 길거리에서 침을 뱉지 않기, 공공장소에서 조용히 하기 등 공중도덕과 위생 매너도 강조되었다. 즉, 매너는 사회적 품격을 나타내는 도구로 확산되었다.

4) 현대 사회 — 다양성과 배려 중심의 매너

20세기 이후 민주화와 평등 가치가 확산되면서 형식적 예절은 간소화되었지만, 타인에 대한 존중과 배려의 가치는 더욱 중요해졌다. 오늘날 매너는 격식을 지키는 것보다는 불쾌감을 주지 않고 서로의 문화를 존중하는 태도에 가까워졌다. 특히 다양한 문화권이 공존하는 국제사회에서는 서로의 문화적 차이를 인정하는 글로벌 매너가 강조된다. 또한 디지털 시대에 맞춰 인터넷 사용 예절, 즉 네티켓(Netiquette)이라는 새로운 매너 개념도 등장하였다.

결국 매너는 점점 더 내면화되고 세련된 인간 행동의 기준으로 발전하고 있으며, 앞으로도 시대 변화에 따라 계속 진화할 것이다.

5 매너와 에티켓의 차이

일상에서 '매너'와 '에티켓'은 비슷한 의미로 사용되지만, 실제로는 서로 다른 개념이다.

에티켓(Etiquette)은 특정 상황에서 정해진 규칙이나 격식을 말한다. 공식적인 자리나 공공장소에서 지켜야 할 외적인 예절 기준이 여기에 해당한다. 예를 들어 만찬에서 포크와 나이프를 어느 손에 들어야 하는지, 식기의 사용 순서가 정해져 있는 것은 에티켓이다. 이를 잘 따르지 않으면 '에티켓을 모른다'고 말할 수 있다.

반면 매너(Manner)는 정해진 규칙이 아닌 개인의 태도와 배려심에서 비롯된 행동 방식이다. 말투, 표정, 몸가짐처럼 상대를 대하는 방식에서 자연스럽게 드러나는 내면의 예의다. 예를 들어, 식사 도중 상대에게 음식을 먼저 권하거나 조용히 식사하는 태도는 규칙이라기보다 품성과 배려의 표현이며, 이럴 때 사람들은 "매너가 좋다"고 평가한다.

극장 관람 예를 들어보면, 휴대폰을 꺼두는 것은 모두가 따라야 할 에티켓이고, 옆 사람이 불편해 보여 자리를 바꿔주는 것은 매너라고 할 수 있다.

에티켓은 규칙이 명확하게 존재하고, 위반 시 비난의 대상이 되지만, 매너는 규칙 없이 자연스럽게 실천되는 개인의 도덕적 태도이다.

결론적으로 에티켓은 "해야 할 것과 하지 말아야 할 것"을 외적으로 규정한 사회적 형식이고, 매너는 그 형식을 실천하는 방식과 내면의 마음가짐이다.

에티켓을 지키는 것은 사회 구성원으로서의 기본이며, 매너가 좋다는 것은 그 예절을 얼마나 세련되고 배려 있게 실천하는가를 나타낸다. 두 개념은 함께 쓰일 때 더욱 완성도 있는 예절 행동을 만들어낸다. 이 차이를 알고 실천한다면, 더욱 성숙한 커뮤니케이션과 인간관계를 형성할 수 있다.

6 동양 예절

6.1 동양 예절의 철학적 배경

동양에서는 예로부터 예절을 인간 삶의 핵심 가치로 여겨왔다. 특히 유교 문화권에서는 예절이 단순한 형식이나 사회 규범을 넘어, 도덕 수양과 사회 질서의 기반으로 인식되었다. 중국의 공자는 인간이 갖추어야 할 다섯 가지 덕목(仁, 義, 禮, 智, 信) 가운데 '예(禮)'를 중요한 덕으로 강조하였다. 그는 "예로써 사람을 대하라"고 말하며, 예절을 실천하는 것이 곧 인(仁)을 실현하는 방법이라 보았다. 유교에서 말하는 '예'는 단지 외형적인 예법이 아니라, 사람 사이의 존중과 조화를 이루는 행동 원리이다. 공자는 각자의 역할과 위치를 인정하고, 그에 맞는 행동을 실천함으로써 사회 전체의 질서가 유지된다고 강조하였다. 맹자 등 이후 유학자들도 예절을 타인을 배려하고 자신의 내면을 닦는 도덕적 실천 방법으로 보았다. 즉, 동양의 예절은 외적인 규칙 이전에 자기 수양과 도의적 실천을 중시하는 문화적 전통을 기반으로 한다.

6.2 동양 예절의 기본 원칙

동양의 전통 예절은 세 가지 핵심 가치에 기초한다: 수양, 공경, 공동체 의식이다.

1) 수양(修養)

예절은 단순한 행동 규칙이 아니라, 자기 자신을 다스리고 인격을 함양하는 수련의 과정이다.

유교에서는 군자가 되기 위해 평생 예를 실천하며 내면을 닦아야 한다고 본다. 예절을 지키는 습관은 욕망과 충동을 절제하는 수양의 도구이며, 진정한 품성을 길러주는 방법으로 여겨진다.

2) 공경(恭敬)

예절의 핵심은 상대에 대한 존중이다. 특히 나이 많거나 지위가 높은 이에게 공손한 태도를 보이는 것은 예절의 기본으로 여겨진다. 예를 들어 한국에서는 어른 앞에서 몸을 낮추거나 잔을 받을 때 두 손으로 받드는 행동, 눈을 부드럽게 내리며 대화하는 자세 등이 대표적이다. 이러한 태도는 가정에서는 효(孝)로, 사회에서는 예(禮)로 표현되며 공동체의 위계와 질서를 존중하는 방식이다.

3) 공동체 의식

동양 예절은 개인보다 집단의 조화와 화목을 우선시하는 태도에 뿌리를 두고 있다. 자기 이익을 내세우기보다 타인을 배려하고 불편함을 주지 않으려는 절제된 행동이 강조된다. 모임 자리에서 소란을 피하지 않거나, 타인의 공간을 침범하지 않으려는 태도 등이 이에 해당한다. 이러한 예절은 공동체를 존중하며 사회 질서를 유지하는 데 기여한다.

이 외에도 겸손, 체면 존중, 정(情)과 같은 동양적 정서가 예절 속에 깊이 녹아 있다. 한국의 경우 '상부상조' 정신처럼 공동체의 연대와 도움을 중요시하며, 예절 실천 시 형식뿐 아니라 진심 어린 태도를 더 중요하게 본다. 결국 동양 예절은 도덕적 인간이 되기 위한 수련의 길이자, 타인과 조화를 이루기 위한 행동의 지침이다. 오늘날에도 이 전통은 동양 사회 전반에 영향을 미치며, 예의 바르고 배려 깊은 태도를 중요한 덕목으로 이어가고 있다.

7 문화에 따른 에티켓 차이 사례

세계 각국은 고유한 문화적 배경을 지니고 있으며, 이에 따라 예절과 매너의 기준 또한 다양하게 다르게 나타난다.

다음은 일상 속에서 자주 접할 수 있는 한국과 외국 간의 에티켓 차이 사례들이다.

1) 눈맞춤(아이 컨택트)

서양에서는 대화 중 상대방의 눈을 바라보는 것이 신뢰와 자신감의 표현으로 여겨진다.

반면, 한국을 포함한 동양 문화에서는 윗사람에게 눈을 똑바로 쳐다보는 것을 무례하게 볼 수 있다. 따라서 동양인은 눈을 피하며 겸손을 표현하고, 서양인은 눈을 마주쳐야 예의라고 생각하기 때문에 이 차이를 모르면 오해나 불편함이 생기기 쉽다.

2) 개인 공간(퍼스널 스페이스)

문화마다 사람 간의 적정 거리에 대한 기준도 다르다. 미국, 북유럽 등은 넓은 개인 공간을 선호하며, 가까운 신체 접촉을 꺼린다. 반면, 남미나 중동 지역은 가까운 거리에서 이야기하거나 가볍게 터치하는 것을 자연스럽게 여긴다. 한국은 예전에는 거리 유지가 중요했지만, 요즘은 악수·포옹 등 서구식 인사도 널리 퍼지고 있다.

3) 손가락으로 가리키기

서양에서는 특정 대상을 손가락으로 직접 가리키는 일이 흔하지만, 동양에서는 사람을 손가락으로 가리키는 것을 무례하게 여긴다. 대신 손바닥을 펴거나 시선·고개로 방향을 지시하는 경우가 많다. 문화 차이를 모르면 의도치 않은 불쾌감을 줄 수 있다.

4) 이름 부르기

영미권에서는 이름(퍼스트 네임)을 부르는 것이 친근함의 표현이다. 그러나 한국에서는 이름만 부르는 것은 무례하게 받아들여질 수 있다. 대개 '김 부장님', '이 선배님' 등 성, 직함, 존칭을 함께 사용한다. 문화 차이를 이해하지 못하면 상대를 불편하게 할 수 있다.

5) 코 풀기

서양에서는 공공장소에서 코를 푸는 것이 자연스럽고, 오히려 참는 것이 예의에 어긋난다고 여긴다. 반면 한국이나 일본에서는 식사 중 코를 푸는 것을 매우 무례한 행동으로 인식한다.

이러한 위생과 예절 기준의 차이를 이해하는 것이 중요하다.

6) 술자리 문화

한국에서는 윗사람에게 두 손으로 잔을 받는 등 예절이 강조된다. 술을 권할 때도 강요보다는 정으로 받아들이는 경향이 있다. 서양에서는 자율성과 개인의 선택을 존중하며, 과도한 권유는 실례로 여겨진다. 이처럼 술자리의 분위기와 기대하는 행동이 서로 다르기 때문에 문화적 오해가 발생하기 쉬운 상황 중 하나다.

7) 그 밖의 사례들

- 식사법: 중국은 밥그릇을 들어올리지만, 한국은 올리지 않는 것이 일반적임
- 인사법: 악수, 포옹, 고개 숙임, 코로 인사하는 문화 등 다양함
- 선물 예절: 어떤 문화는 선물을 바로 뜯는 것이 예의, 어떤 문화는 바로 열지 않는 것이 배려임

결국 문화마다 옳고 그름의 기준이 다를 수 있으며, 이를 모르면 단순한 행동도 실례나 무례로 오해될 수 있다. 서로의 예절 관습을 이해하고 존중하려는 태도야말로 국제화 시대에 꼭 필요한 매너이다.

학습내용 요약

1. 문화는 한 사회의 가치, 신념, 생활양식 전체를 의미하며, 라틴어 cultura에서 유래했다. 문화는 학습되고(학습성), 함께 나누며(공유성), 세대를 넘어 누적되고(축적성), 서로 연관되며(전체성), 변화하는(변화성) 특징을 지닌다.
2. 문화 연구는 총체론적 관점에서 문화는 상호 연결된 전체 구조로 이해해야 하고, 관념론적 관점에서의 문화는 신념, 가치, 이념 등 정신적인 요소로 본다.
3. 에티켓: 궁정에서 유래한 형식적 사회 예절로, 현재는 일상 속 행동 규범을 뜻한다. 매너: 개인의 품성에서 우러나오는 태도로, 노버트 엘리아스는 이를 사회 질서 유지의 자기 통제 과정으로 보았다. → 에티켓은 규칙, 매너는 태도와 실천 방식이라는 차이가 있다.
4. 매너의 역사적 변화
   - 중세: 자유롭고 거친 행동이 허용됨
   - 르네상스~절대왕정기: 궁정 중심의 정교한 예절 확립
   - 근대~현대: 시민 중심의 교양 예절로 확산

   오늘날은 평등, 존중, 다양성 중심의 매너로 발전

5. 동양의 예절 철학은 유교 사상에 기반하여, 예(禮)는 도덕적 수양과 사회 질서의 원리로 이해되었다. 예절의 핵심 원칙은 자기 수양(修養), 공경(恭敬), 공동체 조화이며, 예는 단순한 겉모습이 아닌 진심 어린 행동과 인격 수양의 과정으로 강조되었다.
6. 국가마다 눈맞춤, 거리감, 호칭, 식사 예절, 코 풀기, 음주 문화 등에서 차이가 존재한다. 이러한 차이를 이해하고 존중하는 태도가 글로벌 시대의 핵심 매너이다.

생각 나누기

1. 우리는 매너를 지킬 때 '남들이 보니까' 혹은 '사회 규칙이니까'라고 말하기도 합니다.
하지만 어떤 사람은 매너는 나를 단련하는 인격 수양의 과정이라 말합니다.
당신은 어느 쪽 관점에 공감합니까? 자신의 경험과 함께 설명해보세요.

2. 외국인과의 식사 자리에서 그들이 코를 푸는 모습에 한국인 친구가 불쾌해합니다. 반대로, 그들은 한국인의 숟가락 공유 문화에 놀랍니다. 문화적 차이를 매너의 '실례'로 볼 수 있을까요? 당신이라면 이 상황에서 어떻게 대화하고, 다름을 이해시키겠습니까?

3. 동양의 유교적 예절(예: 어른께 술을 따르기, 어른보다 먼저 식사하지 않기 등)은 지금 시대에도 필요할까요? 혹은 변화되어야 할까요? 당신은 어떤 입장인가요? 그 이유는 무엇입니까?

CHAPTER

2

문화의 다양성과 존중의 자세

제2장

문화의 다양성과 존중의 자세

1 종교와 문화의 관계

종교는 인간 사회에서 중요한 제도 중 하나로, 개인의 삶뿐만 아니라 공동체의 가치관과 행동 방식에도 깊은 영향을 미친다. 단순히 신을 믿는 신앙의 차원을 넘어, 종교는 하나의 문화 체계로 작용하며 사고방식, 윤리 기준, 일상적 실천에 이르기까지 폭넓은 영향을 끼친다.

종교는 초월적 존재에 대한 믿음을 중심으로 형성된 공동체의 신념과 실천 체계를 말하며, 이를 통해 인간은 세상을 어떻게 이해하고 살아갈 것인지에 대한 정신적 지침을 얻는다.

위키백과에서도 종교를 초월적 존재에 대한 신념을 공유하는 집단과 그들이 만들어내는 문화적 질서로 설명하고 있다. 어원적으로 살펴보면, 동양의 '불교'는 '근본적인 가르침'을 의미하며 삶의 진리와 수행의 길을 제시한다.

반면, 서양의 'Religion'은 라틴어 religare에서 유래되었는데, 이는 '다시 묶다', '연결하다'라는 뜻으로, 신과 인간, 혹은 인간과 진리 사이의 연결을 의미한다. 결국 종교는 인간의 정신세계를 형성하고, 문화의 핵심 요소로서 삶의 방식과 사회의 규범에 결정적인 역할을 한다. 문화적 다양성을 이해할 때, 각 문화권이 어떤 종교적 배경을 지니고 있는지를 함께 살펴보는 것이 필요하다.

2 세계의 주요 종교 분포

세계 각지에서 믿는 종교는 지리적 위치와 문화적 배경에 따라 다르게 나타난다. 가장 많은 신자를 보유한 종교는 기독교이며, 그 뒤를 이어 이슬람교, 힌두교, 불교, 중국 전통 종교 등이 분포되어 있다.

- 기독교는 다양한 분파(가톨릭, 개신교, 동방정교 등)로 나뉘지만, 예수의 가르침을 바탕으로 한 핵심 교리는 동일하다. 주로 유럽, 아메리카 대륙, 아프리카 일부 지역에 널리 퍼져 있다.
- 이슬람교는 중동, 북아프리카, 동남아시아 일부에서 강력한 종교적 영향력을 지니고 있으며, 무슬림 인구가 빠르게 증가하고 있다.
- 불교는 동아시아와 동남아시아에서 신봉되며, 명상과 깨달음을 통한 삶의 해석에 중점을 둔다.

〈세계 종교 지도〉

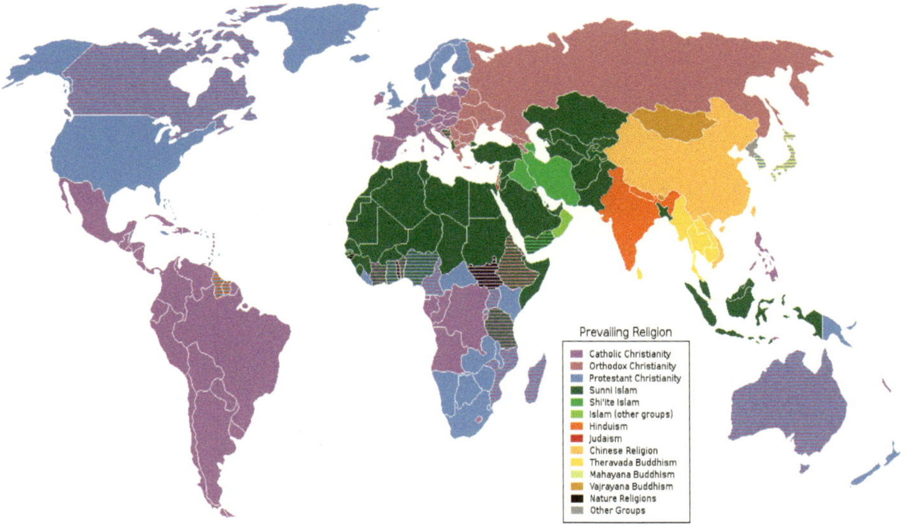

사진출처: https://ko.wikipedia.org/wiki/%EC%A2%85%EA%B5%90#/media/%ED%8C%8C%EC%9D%BC:Prevailing_world_religions_map.png

• 힌두교는 주로 인도와 네팔 지역에서 믿어지며, 다양한 신들과 윤회 개념을 중심으로 한 고유한 교리를 갖고 있다. 이 외에도 중국 전통 종교(도교, 유교 등)는 동아시아 문화에 큰 영향을 미쳤다. 이러한 종교들은 단순한 신앙의 영역을 넘어, 각 지역의 생활 방식, 사회 질서, 문화 정체성 형성에 깊이 작용하고 있다.

2.1 종교의 역할

종교는 단지 신에 대한 믿음에 머무르지 않고, 개인의 삶과 사회 전체에 다양한 기능을 수행한다.

1) 심리적 안정 제공

종교는 어려움이나 불안한 상황 속에서 마음의 위안을 주는 역할을 한다. 많은 사람들은 기도나 명상, 예배 등을 통해 정서적 평온을 얻는다.

2) 삶의 방향 제시

종교는 옳고 그름에 대한 판단 기준을 제시하고, 도덕적 가치관 형성에 기여한다. 이는 법으로 규정되지 않은 영역에서도 윤리적 삶을 살아가도록 안내하는 역할을 한다.

3) 사회 질서 유지와 통합

종교는 공동체의 행동 기준을 강화하며, 규범과 질서를 유지하는 데 기여한다. 신앙은 사람들 사이에 공감대와 연대의식을 형성하며, 사회 통합의 기반이 된다.

4) 문화 발전에의 기여

종교는 예술, 건축, 문학, 음악 등 다양한 문화 요소에 큰 영향을 미쳤다. 많은 문화유산은 종교적 신념을 바탕으로 창조되었으며, 종교는 인류 문명 발전의 동력이 되어왔다.

3 종교와 문화

세계 각 지역의 문화는 주요 종교를 중심으로 형성되는 경우가 많다. 사람들이 믿는 종교는 생활 방식, 가치관, 예술, 관습 등 전반적인 문화에 영향을 미치며, 이에 따라 각기 다른 문화권이 형성된다.

1) 기독교 문화권

주로 서유럽, 북아메리카, 남미, 오세아니아에 걸쳐 형성된 문화권이다. 기독교 문화권에서는 개인주의, 자본주의, 민주주의의 가치가 중시되며, 다양한 민족이 공존하는 다문화적 성격을 띤다. 예배와 기도는 일상 속에 자연스럽게 녹아 있으며, 교회와 성당은 지역 사회의 중심 공간이 되기도 한다.

2) 불교 문화권

동북아시아와 동남아시아 중심으로 분포한다. 불교는 마음의 수양과 내면의 평온을 강조하며, 삶과 죽음을 바라보는 태도에 깊은 영향을 미친다. 불교 문화권에서는 사찰, 불상, 탑 등 종교적 상징물이 중요한 문화유산으로 자리잡고 있다.

3) 이슬람 문화권

중동, 북아프리카, 남아시아 일부에서 주로 형성되며, 신(알라)을 유일신으로 믿고, 코란을 성전으로 삼는다. 이슬람교도는 기도, 자선, 단식, 성지순례, 신앙 고백의 다섯 의무를 실천하며 살아간다. 또한 할랄 음식, 복장 규율, 금주·금육(특히 돼지고기) 등의 일상 규범은 종교적 신념에 기반한다.

4) 힌두교 문화권

주로 인도와 네팔 지역에 분포하며, 윤회사상과 업보에 대한 믿음이 중심이다. 힌두교 문화권에서는 소를 신성시하고, 채식을 중시하는 생활 방식이 일반화되어 있다. 또한 갠지스강에서의 종교 의식, 화려한 힌두 사원, 다양한 신들을 섬기는 전통이 문화 전반에 깊게 녹아 있다.

결국 종교는 단지 신앙의 차원을 넘어, 각 지역의 문화적 정체성을 형성하고 사람들의 일상과 사고방식에 깊이 스며든 핵심 요소라 할 수 있다.

3.1 종교와 음식

종교는 단지 믿음의 체계를 넘어, 식생활 방식과 음식에 대한 규범에도 깊은 영향을 미친다. 각 종교는 고유한 금기 음식과 종교적 의미를 지닌 음식 문화를 지니고 있으며, 이는 일상생활 속 식습관과 음식 선택에도 큰 역할을 한다.

1) 기독교 문화권

기독교에서는 일반적으로 음식에 대한 금기가 강하지 않으며, 다양한 고기와 동물성 식품을 식용으로 허용한다. 구약 성서에는 “모든 짐승을 먹을 수 있다”는 구절이 있으며, 이를 바탕으로 육식이 일반적이다. 단, 일부 교단에서는 특정 시기에 금식을 하거나 육식을 제한하기도 한다.

2) 불교 문화권

불교는 살생을 피하고 자비를 실천하는 가르침에 따라 채식 중심의 식생활을 권장한다. 특히 승려나 불자들은 고기, 파·마늘 같은 자극적인 음식을 피하며, 채소·곡물 위주의 정갈한 음식을 중요시한다. 이러한 음식은 ‘소찬’이라 불리며, 절제와 수행의 실천으로 여겨진다.

3) 이슬람 문화권

이슬람교에서는 돼지고기와 술을 엄격히 금지한다. 음식은 반드시 할랄(halal) 규정에 따라 도축되고 준비되어야 하며, 이는 종교적 의무로 간주된다. 할랄 식품은 청결하고 정당한 방식으로 도축된 동물만을 사용해야 하며, 이는 단순한 음식 규정이 아니라 신과의 계약으로 여겨진다.

4) 힌두교 문화권

힌두교에서는 소를 신성한 동물로 여겨 소고기를 먹는 것을 금기시한다. 이는 힌두교의 윤회사상과 생명 존중의 가르침에서 비롯된 것으로, 소는 어머니와 같은 존재로 인식되며 보호의 대상으로 존중받는다. 또한 채식주의 생활방식이 널리 퍼져 있으며, 육식 자체를 지양하는 경우도 많다.

이처럼 종교는 음식 선택의 기준뿐 아니라, 삶의 방식과 가치관을 반영하는 문화 요소로 작용한다. 각 종교의 음식 규범을 이해하고 존중하는 태도는 문화적 다양성을 수용하는 첫걸음이 된다.

사진출처: 이미지 생성 AI

3.2 종교와 복장

복장은 단순한 외형을 넘어, 종교적 신념과 문화적 가치를 표현하는 중요한 수단이 된다. 각 종교는 고유한 복장 규범을 갖고 있으며, 이는 종교적 의무 또는 정체성의 표현으로 받아들여진다.

1) 이슬람교와 복장

이슬람 문화권에서는 특히 여성의 복장에 대한 규범이 엄격한 편이다. 코란에서는 여성들이 외출 시 신체를 가리는 복장을 착용할 것을 권하고 있으며, 이는 겸손과 보호의 의미를 지닌다.

- 히잡(hijab): 머리와 목을 가리며, 얼굴은 드러냄
- 니카브, 니깝(niqab): 눈을 제외한 얼굴 전체를 가림
- 부르카(burqa): 눈까지 포함한 전신을 완전히 가리는 복장

이러한 복장은 여성에 대한 제약이 아니라, 많은 무슬림 여성에게는 신에 대한 복종과 정체성의 상징으로 여겨진다.

2) 기독교와 복장

기독교에서도 과거에는 여성이 미사나 예배 중 머리를 가리는 관습이 존재했다. 일부 보수적인 지역에서는 여전히 이러한 전통이 유지되기도 한다. 그러나 현대에 들어서는 복장에 대한 종교적 규제는 점차 완화되었으며, 복장은 개인 선택의 영역으로 인식되는 경우가 많다.

〈이슬람 여성의 복장〉

사진출처: https://www.donga.com/news/Inter/article/all/20230828/120904773/1

결국 종교적 복장은 단지 외적인 형태가 아니라, 신앙심의 표현, 공동체 소속감, 윤리적 가치의 실천을 담은 상징적 요소이다. 이러한 복장 문화를 존중하는 태도는 다문화 사회에서 꼭 필요한 이해와 배려의 자세라 할 수 있다.

4 대륙별 문화적 특징

4.1 문화와 대륙

세계 각 대륙은 역사적 배경, 종교, 가치관 등에 따라 서로 다른 문화적 특징을 지닌다.

1) 북아메리카

주로 영국의 식민 지배를 경험한 다민족 사회로 구성되어 있으며, 개인주의, 자유, 평등이 핵심 가치로 자리 잡고 있다. 사회적 지위나 나이에 상관없이 수평적이고 자유로운 대화 문화가 발달해 있다.

2) 중남미

가톨릭의 영향이 강하며, 스페인어와 포르투갈어가 주요 언어이다. 화려한 축제와 춤, 정열적인 감정 표현이 특징적이며, 동시에 정치적 불안정, 빈부 격차와 같은 사회 문제가 존재한다.

3) 유 럽

기독교 문화의 뿌리가 깊고, 개인주의적 사고방식이 뚜렷하다. 예술, 패션, 요리 등 고유한 문화 콘텐츠가 발달해 있으며, 산업화와 민주주의 전통이 사회 전반에 큰 영향을 미쳤다.

4) 아시아

불교와 유교의 전통이 깊어, 집단주의, 자기 수양, 예절을 중요하게 여긴다. 사회적 관계에서는 위계질서와 조화를 중시하며, 전체적으로 정적이고 조심스러운 성향이 두드러진다.

4.2 문화와 언어

언어는 문화의 거울이자, 문화 그 자체의 산물이다. 사람들이 사용하는 언어 속에는 그들의 사고방식, 생활 환경, 가치관이 자연스럽게 담겨 있다. 따라서 언어를 이해하는 것은 그 문화를 이해하는 데 필수적인 과정이다.

1) 언어는 문화를 반영한다

특정 언어에만 존재하는 단어나 표현은 그 문화의 고유한 삶의 방식을 반영한다. 예를 들어, 한국어의 '간장', '온돌', '부럼'과 같은 단어는 한국의 식문화, 주거문화, 전통 관습과 밀접한 관련이 있다. 이러한 단어들은 타 언어로는 쉽게 번역되지 않으며, 문화적 맥락 없이는 의미 전달이 어렵다.

2) 언어와 사고방식은 상호작용한다

언어는 단순한 의사소통 수단이 아니라, 세상을 인식하는 방식에도 영향을 미친다. 예를 들어, 영어에서는 땅을 'field', 'farm', 'land' 등 크기에 따라 구분하지만, 한국어는 '논'과 '밭'처럼 작물의 종류에 따라 구분한다. 이는 한국이 쌀농사 중심의 농경 사회였음을 보여주는 언어적 특성이다. 또한, 에스키모인은 눈을 중요한 자원으로 여기며, 눈의 상태를 구분하는 수많은 단어를 갖고 있다.

이처럼 언어는 삶의 환경에 따라 달라지고, 문화는 언어를 통해 그 특성을 드러낸다. 결국 언어는 단순한 단어의 집합이 아니라, 문화적 맥락과 사고의 구조를 담고 있는 표현체계이다. 다른 문화를 이해하려면, 그들의 언어 속에 담긴 의미와 세계관을 존중하고 이해하는 노력이 필요하다.

5 문화에 대한 태도

다양한 문화를 대하는 태도는 자문화 중심주의, 문화사대주의, 문화상대주의로 나눌 수 있다.

1) 자문화 중심주의(Ethnocentrism)

자신의 문화를 가장 우수하다고 여기며, 다른 문화를 낮춰보는 태도이다. 이러한 태도는 타문화를 편견과 선입견으로 바라보게 만들 수 있다.

2) 문화사대주의(Xenocentrism)

외국 문화를 무조건 우월하게 보고, 자기 문화를 낮게 평가하는 태도이다. 이로 인해 자문화에 대한 자부심을 잃거나 외래 문화에 종속될 수 있다.

3) 문화상대주의(Cultural Relativism)

모든 문화는 그 나름의 맥락과 가치가 있으며, 우열을 가릴 수 없다는 관점이다. 문화의 다양성을 인정하고 존중하는 태도지만, 보편적 인권이나 윤리 기준을 해쳐서는 안 된다.

학습내용 요약

1. 종교는 문화의 핵심 요소로 작용한다. 종교는 단지 신앙이 아니라, 개인의 삶의 방식과 사회 전반에 영향을 미치는 문화 체계이다.
2. 종교는 삶의 방향과 사회 질서를 형성한다. 종교는 가치관과 도덕 기준을 제시하고, 마음의 안정과 공동체 통합에 기여한다.
3. 종교는 음식, 복장, 언어 등 생활 전반에 영향을 준다. 각 종교는 고유한 금기 사항과 실천 방식을 통해 식문화, 옷차림, 언어 표현 등 다양한 문화 요소를 형성한다.
4. 대륙별 문화는 종교와 가치관에 따라 구별된다. 북미·유럽은 개인주의와 평등, 아시아는 집단주의와 자기 수양을 중시하는 등 문화적 특성이 뚜렷하게 다르다.
5. 문화 다양성을 이해하는 태도가 중요하다. 문화를 바라보는 관점은 자문화 중심주의, 문화사대주의, 문화상대주의로 나뉘며, 이 중 문화상대주의는 각 문화의 고유한 가치를 인정하고 다양성을 존중하는 태도를 의미한다.
6. 문화 상대주의적 태도는 글로벌 사회의 기본 소양이다. 서로 다른 문화를 존중하고 이해하려는 자세는 편견 없는 국제적 소통과 협력을 가능하게 한다.

생각 나누기

1. 학생 한 명이 종교적 이유로 특정 음식을 먹지 않겠다고 하자, 일부 친구들이 "편식하는 거 아니야?"라고 말합니다. 당신은 이 상황을 어떻게 설명하고, 종교적 문화 다양성을 친구들에게 어떻게 알려줄 수 있을까요?

2. 친구를 집으로 초대했는데, 당신이 준비한 소고기 요리를 그 친구가 먹지 않습니다. 당신은 이 친구의 행동을 어떻게 받아들이고, 다음 초대 때는 어떤 준비를 하겠습니까?

3. 어떤 직장에서 특정 종교인의 기도시간을 위해 일정 조정을 해주자, 종교가 없는 직원이 "불공평하다"고 항의합니다. 종교적 실천을 공적 공간에서 배려하는 것은 공정성에 위배된다고 생각합니까? 당신의 의견은?

CHAPTER

3

인사와 복장이 만드는 첫인상

제3장

인사와 복장이 만드는 첫인상

1 인 사

사람을 처음 만날 때 우리는 상대의 내면보다는 겉모습과 태도를 통해 첫인상을 형성하게 된다. 이때 인사는 인간관계의 시작이자, 가장 기본적인 매너로 작용한다. '인사(人事)'는 한자로 '사람 인(人)'과 '일 사(事)'로 구성되며, 문자 그대로 '사람이 사람에게 하는 기본적인 행위'를 의미한다. 인사는 단순한 안부 인사를 넘어 존경과 관심을 표현하는 행위이며, 상대방에게 좋은 인상과 신뢰를 줄 수 있는 첫 번째 소통이다. 따뜻하고 성의 있는 인사는 그 사람의 인격과 태도를 엿볼 수 있게 해주며, 관계 형성의 기초가 된다.

1.1 올바른 인사법

인사는 단순한 형식이 아니라, 타이밍과 태도, 진심이 담긴 표현이 중요하다. 누가 먼저 인사할지를 고민하기보다는 내가 먼저 다가가는 태도가 바람직하다. 상대의 지위나 나이와 관계없이 먼저 인사하는 사람이 분위기를 여는 사람이다. 한국에서는 고개 숙임이 대표적인 인사법이다. 인사를 할 때는 눈을 마주치고, 미소를 띤 밝은 목소리로 인사한 뒤, 다시 눈을 맞추는 흐름이 자연스럽다. 인사를 받은 사람도 반드시 성의 있게 응답하는 것이 예의이다.

1) 고개 숙임의 각도와 의미

인사의 각도에 따라 상대에 대한 존중의 정도가 달라진다.

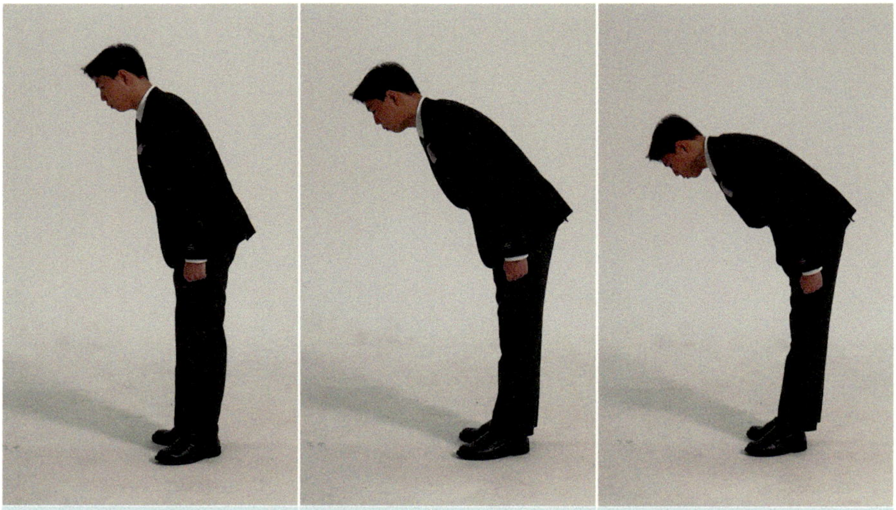

15도 약례	30도 보통례	45도 정중례

- 15도 약례: 친근한 동료, 후배에게 가볍게 인사할 때
- 30도 보통례: 처음 만나는 사람, 윗사람에게 하는 일반적인 인사
- 45도 정중례: 고객 응대, 감사 인사, 사과할 때 사용

2) 상황에 따른 인사 방식

상황에 따라 인사 방법도 달라진다.

- 먼 거리: 눈인사나 가볍게 고개를 끄덕이는 약례
- 가까운 거리: 정식으로 허리를 숙이는 보통례
- 좁은 공간(엘리베이터, 계단 등): 가볍게 고개를 숙이는 약례
- 첫 만남: 정중한 보통례
- 반복되는 만남: 친근한 약례

이처럼 상황과 상대에 맞는 인사는 단순한 예절을 넘어, 상대에 대한 배려와 예의, 나의 품격을 드러내는 표현이 된다.

1.2 세계의 다양한 인사법

전 세계에는 문화에 따라 다양한 형태의 인사법이 존재한다. 이러한 인사 방식은 단순한 인사 이상의 의미를 가지며, 존중, 환영, 친밀감의 표현 방식으로 기능한다.

- 미국에서는 흔히 악수나 포옹으로 인사를 나눈다. 남성 간에는 힘 있게 손을 쥐는 악수가 일반적이며, 여성 간에는 가볍게 껴안는 포옹도 흔하다. 악수를 할 때는 허리를 굽히지 않고, 시선을 마주친 채 손을 단단히 잡는 것이 예의다.
- 하와이에서는 인사할 때 "알로하(Aloha)"라고 말하며, 양쪽 볼을 맞대는 친근한 볼 인사를 나누기도 한다. 이는 환대와 사랑의 의미를 담고 있으며, 하와이의 독특한 문화 정체성을 보여준다. 또한 엄지와 약지는 세우고 나머지 손가락은 접어서 '샤카(Shaka)' 모양을 만들어 인사를 하기도 한다. 이는 느긋하고 여유롭게 보내라는 뜻이 담겨있다.
- 프랑스, 이탈리아, 스페인에서는 '비주(bise)'라는 볼 맞춤 인사가 일반적이다. 양쪽 볼에 가볍게 입을 맞추는 소리를 내며 인사하며, 친분이나 나이와 상관없이 사용하는 문화적 인사법이다.
- 그리스, 콜롬비아, 아르헨티나 등에서는 악수를 한 뒤 상대의 등을 가볍게 두드리는 방식으로 친근감을 표현한다. 이는 단순한 인사를 넘어 정과 신뢰를 나누는 상징적 행동이다.
- 필리핀에는 '마노 뽀(Mano Po)'라는 전통 인사법이 있다. 이는 어른의 손등을 잡고 자신의 이마에 대는 방식으로, 어른에 대한 깊은 존경을 표현한다. 필리핀 문화에서는 머리를 신성하게 여기기 때문에, 이마에 손을 대는 행위는 특별한 의미를 갖는다.
- 티베트에서는 혀를 내밀어 인사하는 이색적인 전통이 있다. 이는 과거의 폭군이 검은 혀를 가졌다는 전설에 따라, 자신이 악인이 아님을 보이는 표시로 전해져 내려온 인사법이다. 요즘 티베트의 대도시에서는 혀

〈세계의 다양한 인사〉

사진출처: 티베트인사_ https://m.blog.naver.com/zumhimalaya/223072486941

를 내밀며 하는 인사보다 악수로 주로 인사를 한다.

이처럼 각 문화권의 인사 방식은 역사적 배경과 가치관을 반영하고 있으며, 그 사회에서 중요한 미덕이나 관계 형성의 방식을 간접적으로 보여준다. 다른 문화의 인사법을 존중하는 자세는 글로벌 시민으로서 필수적인 예절 감각이라 할 수 있다.

2 악수, 신뢰의 손짓

악수(Handshake)는 서양에서 가장 일반적인 인사 방식 중 하나로, 상대에 대한 환영과 존중, 신뢰의 표현으로 사용된다. 처음 만나는 자리나 공식 석상에서 악수는 첫인상의 질을 좌우하는 중요한 행동으로 간주된다.

2.1 악수의 유래

악수의 기원은 고대 전쟁 시대, 상대가 무기를 숨기지 않았음을 확인하기 위한 동작에서 비롯되었다. 특히 마피아 조직에서는 상대를 해칠 의도가 없음을 보여주는 의례로 악수가 사용되었으며, 이는 점차 신뢰의 상징으로 발전하였다.

2.2 올바른 악수법

- 오른손을 사용하여 적절한 힘으로 상하로 2~3회 흔든다.
- 눈을 마주치며 미소를 지어 신뢰와 자신감을 표현한다.
- 정면을 향해 똑바로 서서 허리를 굽히지 않는다.
- 장갑을 착용 중이라면 반드시 벗은 후 악수한다.

왼손 사용, 과도한 힘주기, 땀이 많은 손 그대로 악수하기 등은 실례가 될 수 있으므로 주의한다. VIP(대통령, 왕족 등)와 악수할 경우 가볍게 고개를 숙이는 예우를 더한다.

〈국가별 악수의 차이〉

국가/문화권	특 징
미 국	강하게 손을 쥐고 활기차게 흔듦. 자신감의 표현으로 중요시함
영 국	초면에만 악수하며 이후에는 생략하는 경우도 있음
프랑스	가벼운 악수 후 볼 인사를 함께 하기도 함. 손등 키스는 친밀한 사이에서만
인도 & 이슬람권	여성에게 악수를 청하지 않음. 왼손 사용은 매우 실례로 여겨짐
중남미 일부 국가	악수 후 손등에 입맞춤하는 문화가 존재. 친근감 표현의 방식

3 문화마다 다른 몸짓 언어, 제스처

제스처는 언어 이상의 의미를 담고 있으며, 문화에 따라 해석이 완전히 달라질 수 있다. 같은 손동작이라도 어떤 문화권에서는 환영의 표현이지만, 다른 지역에서는 실례나 모욕으로 받아들여질 수 있기 때문에 문화적 맥락에 대한 이해가 필수적이다.

〈인사와 관련된 제스처〉

국가/문화권	제스처 방식	의 미
사우디아라비아	악수 후 코를 맞대거나 어깨에 손을 얹음	친밀함과 환대의 표현
일 본	손을 모아 고개를 숙임 (15도~45도 각도)	존경과 겸손, 상황과 상대에 따라 각도 차이
중 국	악수 외에 '공수례', '포권례' 등 전통 인사 사용	공경과 예의를 표현
에스키모·마오리족	코를 맞대는 인사	우정을 상징하는 전통 인사

〈오해를 부를 수 있는 대표 제스처 사례〉

제스처	일반적 해석	국가별 주의사항
고개 끄덕이기/흔들기	예/아니오	불가리아·터키 등에서는 반대로 해석됨
윙크	친근함, 비밀 표시	네덜란드에서는 정신 이상을 암시
귓불 만지기	한국: 의미 없음	이탈리아: 모욕 / 인도: 사과의 표시
OK 사인 (엄지와 검지 동그라미)	승인, 좋음	브라질·터키: 성적 모욕 / 프랑스: 무가치함
엄지척	최고, 긍정	호주: 무례 또는 거절의 표시
브이(V) 사인	평화, 긍정	그리스·터키: 욕설 / 영국·호주: 손등이 보이면 조롱 의미
손바닥 펼쳐 보이기	인사, 제지	터키: "지옥에나 가라"는 심한 욕설로 해석

4 심리적 효과와 첫인상

4.1 첫인상의 영향력

처음 만남에서 사람들은 상대의 외모, 태도, 말투 등을 바탕으로 인상을 형성한다. 이 첫인상은 고정관념처럼 오래 지속되며, 한 번 형성되면 쉽게 바뀌지 않는다. 따라서 첫 만남에서 어떤 이미지를 주느냐가 매우 중요하다.

4.2 주요 심리 효과

심리 효과	개념 설명	사 례
초두효과	처음 받은 인상이 이후 평가에 큰 영향을 미치는 현상	첫인상이 단정한 사람은 실수를 해도 '긴장했구나'로 해석됨
후광효과	한 가지 장점이 다른 영역의 평가까지 긍정적으로 끌어올리는 현상	성실한 연예인이 광고하면 제품까지 신뢰받는 경우
맥락효과	초기 정보가 이후 판단의 기준이 되어 전체 평가에 영향을 주는 현상	자신감 있는 태도 → '일도 잘할 것 같아'
부정성효과	부정적인 정보가 긍정적 정보보다 더 큰 영향을 주는 심리적 편향	과거 범죄 경력 → 이후 긍정적 행동도 부정적으로 해석될 수 있음

4.3 첫인상 관리의 중요성

단정한 외모, 예의 바른 인사, 밝은 표정은 긍정적인 첫인상을 형성하는 데 효과적이다. 심리적 효과들은 사람의 인지에 강하게 작용하므로, 첫 만남에서의 준비가 필요하다. 부정적인 인상을 극복하려면, 일관된 태도와 행동으로 신뢰를 쌓는 노력이 요구된다.

5 표정, 인상의 시작은 얼굴에서

5.1 표정의 중요성

표정은 말보다 먼저 전달되는 비언어적 메시지로, 첫인상 형성에 결정적인 영향을 미친다. 특히 상대방과 처음 만났을 때 보이는 얼굴 표정은 친근함, 신뢰감, 안정감을 전달하거나 반대로 긴장감, 거리감, 불쾌감을 유발할 수도 있다.

밝고 부드러운 미소는 상대의 경계를 허물고 긍정적인 분위기를 형성하는 데 도움을 준다. 표정을 부드럽게 유지하는 방법은 어렵지 않다. 거울 앞에서 얼굴 근육을 풀고 자주 웃는 연습을 하면 자연스럽고 따뜻한 인상을 표현할 수 있다. 이러한 표정은 대인관계에서 신뢰를 쌓고, 자신감 있는 사람이라는 인상을 남긴다.

5.2 미소와 눈맞춤

진심 어린 미소와 자연스러운 눈맞춤은 인간관계를 시작할 때 가장 강력한 도구이다. 미소는 상대방을 안심시키고, 눈맞춤은 관심과 존중을 표현한다. 이 두 가지는 함께 사용될 때 최고의 시너지를 낸다.

반면, 무표정하거나 굳은 얼굴, 눈을 피하는 행동은 차가운 인상을 남기며 심리적 거리를 만들어낸다. 특히 시선을 회피하는 것은 자신감 부족, 부정적 감정, 관심 없음으로 해석될 수 있다. 진정성 있는 미소와 적절한 눈맞춤은 대화를 부드럽게 이끌고 신뢰감을 높여주는 중요한 커뮤니케이션 요소이다.

5.3 감정 조절과 표정 관리

사람은 감정에 따라 표정이 달라지기 마련이다. 하지만 비즈니스나 공적인 상황에서는 감정 표현을 스스로 조절하고 표정을 관리하는 능력이 중요하다. 긴장되거나 불쾌한 상황에서도 심호흡, 긍정적인 생각, 간단한 표정 훈련 등을 통해 평정심을 유지할 수 있다.

얼굴은 '마음의 거울'이라 불릴 정도로 내면의 상태를 반영한다. 때문에 스스로의 감정을 조절하는 연습은 곧 좋은 표정을 만드는 훈련이 된다. 낯선 상황에서도 미소를 잃지 않는 태도는 직장생활, 서비스 현장, 인간관계 전반에서 좋은 인상을 지속시키는 핵심 역량이다.

5.4 심리학적 근거

미국의 심리학자 앨버트 메라비언(Albert Mehrabian)은 커뮤니케이션에서 비언어적 요소의 중요성을 실험을 통해 밝혀냈다. 그의 연구에 따르면, 사람이 처음 누군가를 만났을 때 받는 인상은 다음 세 가지 요소로 결정된다. 55%는 시각 정보(표정, 자세, 옷차림 등), 38%는 청각 정보(목소리의 높낮이, 속도, 억양 등), 단 7%만이 언어적 내용(말의 내용)에 영향을 받는다

즉, 우리가 무슨 말을 하는가보다 어떤 표정으로 말하는가, 어떤 태도로 다가가는가가 훨씬 더 강한 메시지를 전달한다는 의미다. 이는 커뮤니케이션에서 표정과 비언어적 표현이 얼마나 중요한지를 뒷받침해주는 심리학적 근거가 된다.

6 용모와 복장의 중요성

첫인상은 눈에 보이는 외모에서 시작된다. 사람들은 상대의 겉모습을 통해 성격이나 태도, 나아가 생활방식까지도 무의식적으로 판단하게 된다. 깔끔하고 단정한 복장은 자신에 대한 존중은 물론, 타인에 대한 배려를 보여주는 중요한 신호다.

과도하게 화려하거나 상황에 어울리지 않는 복장은 오히려 신뢰를 떨어뜨릴 수 있다. 장소와 상황에 맞는 복장을 갖추는 일은 사회적 품격을 표현하는 첫걸음이며, 이는 상대에게 긍정적인 인상을 남긴다. 예를 들어 면접에서는 차분하고 단정한 정장이, 결혼식이나 장례식에서는 각각의 격식에 맞는 복장이 요구된다. 이러한 복장은 타인에 대한 예의이자, 자신을 존중하는 태도이기도 하다.

또한 복장은 단순히 몸을 가리는 의복이 아니라, 사회적 역할과 개인의 정체성을 나타내는 표현 수단이다. 자신이 편안하게 느끼는 옷을 입었을 때 말투나 행동에서도 자연스럽게 자신감이 묻어난다. 이는 곧 조직 내 분위기를 부드럽게 하고, 대인관계에서 긍정적인 영향을 미치는 요소가 된다. 결국 올

바른 복장과 용모는 자신을 표현하는 첫 번째 언어이며, 상대에게 신뢰와 호감을 주는 중요한 매너의 일부이다.

6.1 남성의 비즈니스 복장

남성의 비즈니스 복장은 외적인 첫인상을 결정짓는 요소이자, 전문성과 신뢰감을 전달하는 중요한 수단이다. 특히 사회생활 초입에 있는 대학생이나 신입사원일수록 기본적인 복장 매너를 익히는 것이 필수적이다.

정장은 체형에 잘 맞는 재질과 색상을 선택해야 하며, 어깨선이 자연스럽고 바지는 다리 라인에 맞게 주름 없이 떨어지도록 입는 것이 이상적이다. 짙은 회색, 네이비, 검정 계열의 색상은 깔끔하고 신뢰감을 주는 대표적인 비즈니스 컬러이다.

벨트는 구두 색상과 통일감을 주는 것이 좋으며, 반드시 착용해 복장의 완성도를 높인다. 벨트 버클은 지나치게 크거나 장식적인 디자인을 피하고, 단정한 스타일을 선택해야 한다.

셔츠는 밝고 깔끔한 색상이 일반적으로 선호되며, 단추는 맨 윗부분까지 모두 채워야 포멀한 인상이 완성된다. 셔츠 소매는 재킷 소매 밖으로 1~1.5cm 정도 드러나는 길이가 적절하며, 다림질이 잘 되어 있는지 확인해야 한다.

넥타이는 복장에 어울리는 색상과 패턴으로 선택하고, 주름 없이 매듭이 잘 잡히도록 한다. 넥타이의 끝은 벨트에 닿는 정도가 가장 이상적인 길이이며, 지나치게 짧거나 길면 어색한 인상을 줄 수 있다.

양말은 구두와 유사한 톤의 어두운 색을 선택하고, 앉거나 걸을 때 발목이나 종아리가 보이지 않도록 길이를 충분히 확보한다. 흰색 양말은 캐주얼한 인상만 줄 뿐만 아니라, 정장과는 어울리지 않기 때문에 피하는 것이 좋다.

구두는 항상 깨끗이 관리되어야 하며, 굽이 닳거나 벗겨져 있지는 않은지 수시로 점검해야 한다. 닦여 있지 않은 구두는 깔끔한 복장 전체의 인상을 흐릴 수 있으므로, 외출 전후로 꾸준히 관리하는 습관이 필요하다.

6.2 여성의 비즈니스 복장

여성의 비즈니스 복장은 단정함, 세련됨, 그리고 상황에 대한 예의를 동시에 반영해야 하는 복장이다. 복장은 외모만을 꾸미는 요소가 아니라, 자신을 표현하는 또 하나의 커뮤니케이션 수단이기 때문에 매우 중요하다.

자켓은 체형에 맞고 군더더기 없는 디자인이 적합하며, 어깨선이 자연스럽고 허리 라인이 잡힌 디자인은 안정적인 인상을 준다. 장식이 지나치게 많거나 트렌디한 스타일보다는 클래식한 디자인이 비즈니스 환경에 더 어울린다.

블라우스나 셔츠는 자켓 및 하의와 조화를 이루어야 하며, 구김이나 얼룩 없이 단정하게 관리되어야 한다. 밝고 부드러운 톤은 신뢰감을 주며, 목선이 너무 깊게 파이거나 지나치게 얇은 소재는 피하는 것이 좋다.

치마나 바지는 무릎 전후 길이가 가장 무난하며, 앉거나 걸을 때 불편하지 않도록 착용감을 미리 확인하는 것이 바람직하다. 지나치게 타이트하거나 흐물흐물한 소재는 전문성을 약화시킬 수 있으므로 단정한 핏이 중요하다.

스타킹은 계절과 의상에 맞는 색상을 선택하고, 올이 나간 부분은 즉시 교체해야 한다. 비즈니스 상황에서 스타킹 없이 맨다리를 드러내는 것은 비공식적이거나 무례하게 여겨질 수 있다. 스타킹은 여분을 챙겨 다니는 것이 실용적이다.

구두는 닫힌 앞코 디자인으로, 굽은 3~5cm 정도가 적당하다. 굽이 지나치게 높거나 낮으면 불편하거나 격식을 떨어뜨릴 수 있으며, 소리가 심하게 나지 않도록 밑창 상태를 수시로 점검해야 한다. 외출 전후로 구두를 깨끗하게 닦는 것도 필수이다.

최근에는 비즈니스 캐주얼이 허용되는 환경도 많지만, 그럴수록 기본적인 단정함과 상황에 대한 배려는 더욱 중요해진다. 복장은 단순한 외형이 아닌, 직업인의 태도와 품격을 나타내는 표현임을 명심해야 한다.

7 향기로 전하는 첫인상

7.1 향수의 역사와 의미

향수는 인류가 사용한 가장 오래된 화장품 중 하나로, 약 5천 년 전부터 종교의식이나 제례 등에서 신성한 도구로 활용되었다. 몰약과 같은 향료는 고대에는 금과 같은 귀중품으로 여겨졌으며, 성경에서도 예수에게 향유를 부은 이야기가 등장한다. 향수는 단순한 냄새를 넘어 '사람과 신을 잇는 도구'로 기능해 왔다.

현대 사회에서는 향수가 개인의 이미지와 분위기를 표현하는 섬세한 매너로 여겨진다. 향수는 시간이 지남에 따라 향이 변하며, 은은한 잔향으로 오래도록 기억되는 인상을 남긴다.

7.2 향수의 종류

향수는 원액(향료)의 농도에 따라 아래와 같이 구분된다.

종 류	향료 농도	지속시간	특 징
퍼퓸 (Parfum)	15% 이상	10시간 이상	가장 진하고 오래감, 고급 향수
오 드 퍼퓸 (Eau de Parfum)	10~15%	약 6~9시간	풍부한 향, 일상용으로 적절
오 드 뚜왈렛 (Eau de Toilette)	5~10%	약 4~6시간	가볍고 산뜻한 향
오 드 콜로뉴 (Eau de Cologne)	3~5%	약 1~3시간	짧은 외출 시 사용

주의: 향수가 사라진 것처럼 느껴져도 실제로는 잔향이 남아 있다. 과도하게 덧뿌리면 탑 노트와 베이스 노트가 섞여 불쾌한 냄새를 낼 수 있다.

7.3 향수 사용법과 매너

향수는 단순한 체취 보완의 수단이 아니라, 자기 표현의 한 형태이며 타인에게 남기는 이미지의 일부가 된다. 향기를 적절히 활용하면 세련되고 정돈된 인상을 주지만, 잘못 사용하면 오히려 불쾌감을 줄 수 있어 주의가 필요하다.

먼저, 향수는 옷이 아니라 피부에 사용하는 것이 기본이다. 향수의 화학 성분은 섬유에 변색이나 얼룩을 남길 수 있으므로, 겉옷 위에 직접 뿌리는 것은 피한다. 꼭 옷에 향을 남기고 싶다면 겉감이 아닌 안감이나, 향수를 뿌린 화장솜을 주머니 속에 넣는 방법을 사용하는 것이 바람직하다.

향수를 뿌리기에 좋은 부위는 맥박이 뛰는 곳, 즉 체온이 높은 부위이다. 대표적으로 손목 안쪽, 귀 뒤, 목덜미, 머리카락 끝, 가슴, 발목 등이 있다. 이 부위들은 체온에 의해 향이 자연스럽게 퍼지며 오래 지속되는 효과를 볼 수 있다. 향기는 일반적으로 아래에서 위로 퍼지기 때문에, 종아리나 하의 아래쪽에 뿌리는 것도 효과적인 방법이다.

다만, 땀이 많이 나는 부위에는 향수를 피해야 한다. 겨드랑이, 등 등은 향수와 땀이 섞여 불쾌한 냄새를 유발할 수 있기 때문이다. 오히려 상쾌한 향이 역효과를 낼 수 있으므로 주의해야 한다.

향수를 처음 사용할 때는 향의 농도와 지속력을 정확히 파악하는 것이 중요하다. 향수를 테스트할 때는 분사구 가까이에서 직접 맡는 것이 아니라, 공기 중에 분사한 뒤 향이 퍼지는 공간에서 자연스럽게 향을 느끼는 것이 바람직하다. 손목 등에 향수를 뿌린 후 시간이 지난 뒤에 향을 맡아야 알코올이 날아간 이후의 진짜 향을 파악할 수 있다.

특히 다중 이용 시설이나 밀폐된 공간에서는 향수가 타인에게 부담이 되지 않도록 적당한 양만 사용해야 하며, 한 공간에서 여러 사람이 사용하는 경우 향이 섞이지 않도록 두 가지 이상의 향수를 겹쳐 사용하지 않는 것이 예의다.

8 개인 간 거리, 퍼스널 스페이스와 매너

8.1 퍼스널 스페이스

사람은 누구나 자기 자신을 중심으로 일정한 거리의 '개인 공간'을 가지고 있다. 이는 타인에게 침범당하고 싶지 않은 심리적·물리적 영역으로, 마치 보이지 않는 울타리처럼 작용한다. 집, 자동차, 책상처럼 물리적 공간뿐만 아니라, 대화 시 유지하는 거리도 퍼스널 스페이스에 포함된다. 좁은 엘리베이터에서 타인과 어깨를 맞대고 서 있을 때 불편함을 느끼는 이유도 바로 이 퍼스널 스페이스가 침해되었기 때문이다.

8.2 에드워드 홀의 '근접학(Proxemics)'

미국의 인류학자 에드워드 홀은 1960년대에 인간의 공간 사용 방식을 체계적으로 연구하면서 '근접학'이라는 개념을 제안하였다. 그는 사람들이 사회적 관계의 친밀도에 따라 일정한 거리를 두고 생활한다고 설명하였다. 홀은 인간의 공간 사용을 네 가지 거리로 구분하며, 이를 통해 타인과의 관계 성격과 매너의 기준을 정의했다.

〈퍼스널 스페이스의 4단계〉

구 분	거리 범위	적용 대상 및 상황	특 징
친밀한 거리	0~45cm	연인, 가족, 애완동물 등	신체 접촉이 가능한 거리, 높은 신뢰 관계에서 허용됨
개인적인 거리	46cm~1.2m	친구, 직장 동료, 가까운 지인	대화와 감정 표현이 자연스러운 거리
사회적 거리	1.2m~3.6m	처음 만난 사람, 고객, 면접 상황	공식적인 대화나 비즈니스에 적합
공적 거리	3.6m 이상	강의, 연설, 대중 앞 발표 등	감정 개입 없이 정보 전달 중심 거리

이러한 구분은 인간의 심리적 안정과 자율성을 보호하기 위한 본능적 반응이며, 각 상황에 맞는 거리 유지가 매너로 작용한다.

8.3 개인 공간 존중 이유

사람은 누구나 타인에게 침범받고 싶지 않은 심리적 공간, 즉 퍼스널 스페이스(Personal Space)를 가지고 있다. 이 공간은 물리적인 거리를 넘어, 심리적 안정감과 정체성을 지키는 중요한 영역으로 여겨진다.

사회생활에서 적절한 거리를 유지하는 것은 상대방에 대한 예의이자 배려의 표현이다. 특히 처음 만나는 상황이나 공식적인 자리에서는 일정한 간격을 유지함으로써 신뢰를 형성하고 긴장을 줄여주는 효과가 있다. 이를 통해 상대방에게 세련되고 성숙한 인상을 줄 수 있으며, 원활한 인간관계의 기반이 된다.

더불어 퍼스널 스페이스는 문화적 차이가 크게 나타나는 영역 중 하나이다. 예를 들어, 서구 문화권에서는 개인 공간을 넓게 인식하며 타인과 일정한 거리를 유지하는 것을 기본예절로 여기는 반면, 중동이나 남미 문화권에서는 비교적 가까운 거리에서 대화하는 것이 자연스럽게 여겨진다. 개인 공간을 존중하는 태도는 단순한 사회적 기술을 넘어, 타인의 마음을 배려하고 존중하는 기본적인 매너로 자리 잡고 있다. 이는 모든 인간관계의 시작점에서 실천되어야 할 중요한 에티켓이다.

학습내용 요약

1. 인사는 인간관계의 시작을 알리는 기본적인 예절이며, 한국에서는 상황에 따라 약례, 보통례, 정중례로 구분하여 존중과 겸손의 뜻을 전한다.
2. 세계 각국에는 고유한 인사법이 있으며, 예를 들어 프랑스와 이탈리아에서는 볼에 입을 맞추는 비주, 필리핀에서는 어른의 손을 이마에 대는 마노 뽀, 태국에서는 두 손을 모아 인사하는 와이, 사우디아라비아에서는 코를 비비는 인사, 중국에서는 공수례

와 포권례 같은 전통 인사가 있다.

3. 악수는 국제적으로 널리 사용되는 인사법으로, 일어선 상태에서 오른손으로 상대의 눈을 바라보며 하는 것이 기본이며, 연장자, 상사, 여성, 선배가 먼저 손을 내미는 것이 예의이다.
4. 복장은 개인의 인상을 결정짓는 중요한 요소로서, TPO(시간·장소·상황)에 맞는 단정한 복장을 갖추는 것이 바람직하며, 향수는 은은하게 사용하고 땀이 나는 부위는 피하는 등 타인을 배려하는 방식으로 사용해야 한다.
5. 사람 간의 대화나 만남에서는 퍼스널 스페이스, 즉 개인 간 거리를 존중해야 하며, 너무 가까운 거리는 불편함을 줄 수 있으므로 문화적 차이를 고려한 거리 유지가 필요하다.

생각 나누기

1. 친구가 향수를 진하게 뿌리고 수업에 들어왔고, 옆자리에 앉은 학생은 두통을 호소했습니다. 친구는 "좋은 향기가 예의"라고 주장합니다. 향수 사용은 매너일까요? 배려일까요? 당신의 기준과 해결 방법을 말해보세요.

2. 대화 중 너무 가까이 다가오는 상대에게 불편함을 느낄 때, 당신은 어떻게 반응하나요? 문화적 차이로 공간 거리가 다른 경우, 그 차이를 어떻게 설명하고 조율할 수 있을까요?

3. 사람의 첫인상은 3초 안에 결정된다고 합니다. 당신은 첫인상이 사람의 본질을 보여준다고 생각하나요? 아니면 시간이 지나면 충분히 바뀔 수 있다고 생각하나요? 자신의 경험을 바탕으로 설명해보세요.

CHAPTER

4

일상 속 매너, TPO매너

제4장 일상 속 매너, TPO매너

사소해 보이는 일상 속 행동도 문화에 따라 예절이 달라진다. 커피를 내는 방식, 대중시설을 사용하는 법, 운전 습관이나 운동시설을 이용하는 태도 등은 각국 고유의 질서와 배려의 표현이다. 이 장에서는 공중화장실, 생일, 운전, 커피 대접, 엘리베이터, 헬스장, 결혼식, 장례식 등 다양한 상황에서 국가별 예절 차이를 살펴보고, 세계 시민으로서의 감각과 배려심을 기른다.

1 공중화장실 문화와 예절

1.1 기본적인 공중화장실 매너

화장실을 사용할 때는 먼저 잠금 여부를 확인하고, 잠겨 있다면 조심스럽게 노크하는 것이 예의이다. 줄을 설 때는 순서를 지키고, 바닥에 침이나 쓰레기를 버리는 행동은 금물이다. 화장실은 기본적으로 금연 구역이므로 흡연은 정해진 장소에서만 해야 한다. 낙서를 남기는 행동 역시 타인에 대한 무례이다.

용변 후에는 반드시 물을 내리고, 복장은 내부에서 정리한다. 화장지 처리 방식은 현장의 안내문에 따라 변기에 버릴지, 휴지통에 버릴지를 결정해야 한다. 손은 비누를 사용해 꼼꼼히 씻고, 사용 후 세면대 주위는 정돈해 다음 사람을 배려한다.

1.2 나라별 화장실 문화의 차이

각 나라마다 공중화장실을 대하는 방식에 문화적 차이가 있다.

- 일본: 대부분 건식 화장실이며, 물기 제거 등 철저한 관리가 일반적이다.
- 인도, 말레이시아: 화장지 대신 물을 사용하며, 왼손을 세정에 사용하므로 식사나 인사에서 왼손 사용은 무례로 간주된다.
- 미국: 칸막이 아래와 위가 열려 있어 외부에서 확인 가능하며, 노크보다는 문틈 확인이 일반적이다.
- 스웨덴: 일부 화장실은 유료이며, 카드로 입장하는 시스템도 존재한다. 남녀 공용 단독 화장실이 흔하다.
- 독일: 남성도 좌변기 사용을 권장하며, 이를 알리는 포스터나 캠페인이 활발하다.
- 프랑스, 이탈리아: 변기 뚜껑이 없는 경우가 많아 주의가 필요하다.
- 중국 농촌 지역: 문이 없거나 칸막이가 낮은 화장실도 여전히 존재한다.
- 브라질: 집에 있는 화장실 수가 부동산 가치에 영향을 줄 만큼 중요시된다.

2 생일 문화와 매너

생일은 단순한 축하를 넘어, 각 나라의 가치관과 사회적 의미를 담고 있다. 어떤 문화는 장수를 기원하고, 어떤 문화는 자립과 성장의 이정표로 생일을 기념한다.

- 한국: '돌'잔치는 생후 첫 생일로, 가족의 큰 행사다. 돌떡을 나누고 아이의 건강과 미래를 기원한다.
- 일본: 친구 중심의 생일 문화가 발달해 있으며, 외식이나 파티를 더치페이로 즐긴다.

- 중국: 긴 면 요리를 먹으며 장수를 상징하고, 선물은 나중에 여는 것이 예의다. 66세 생일을 특히 중요하게 여긴다.
- 미국: 파티 문화가 발달해 있으며, 초대장은 미리 보내고 RSVP를 받는다. 성인은 드레스코드가 있는 디너파티를 갖는 경우가 많다.
- 독일: 생일 당일 파티를 위해 사전 예약과 준비가 철저하며, 가족이나 친구들이 행사를 주관하는 경우가 많다.
- 뉴질랜드: 특정 나이에 의미를 두는 문화가 있다. 예를 들어, 5세는 학교 입학, 13세는 청소년 시작, 16세는 법적 결혼 가능 나이, 21세는 성인의 상징이다.

생일은 개인의 기념일이자 사회와 문화를 반영하는 중요한 날이다. 주인공뿐만 아니라 축하하는 사람들의 예절도 함께 중요하게 여겨진다.

3 운전 시의 에티켓

3.1 운전 시 기본 예절

운전은 한 사람의 행동이 곧바로 다른 사람에게 영향을 미치는 대표적인 생활 활동이다. 주차나 주행 어느 상황에서도 타인을 배려하는 태도와 교통 규칙의 준수가 필수적이다.

주차할 때는 주차선 안에 바르게 세워야 하며, 인도나 횡단보도, 버스정류장처럼 보행자나 대중교통 이용자의 통행을 방해하는 장소에는 절대 주차하지 않는다. 특히 영업 중인 상점 앞에 무단 주차하거나 불법 주정차는 타인의 일상에 불편을 주는 행위로 간주된다. 주차 시에는 차량에 연락 가능한 번호를 남겨 예기치 못한 상황에 대비하는 것이 바람직하다.

주행 중에는 사이렌이 울리는 응급차량이 접근하면 즉시 길을 비켜주어야 하며, 창밖으로 쓰레기를 버리는 행동은 삼가야 한다. 차로를 변경할 때는 방향지시등을 통해 자신의 이동을 충분히 알리고, 교차로나 신호에서 무리하게 진입하는 '꼬리물기' 운전은 지양해야 한다.

야간에는 전조등을 켜 자신의 위치를 알리고, 고속도로, 어린이 보호구역, 골목길에서는 제한속도를 반드시 지켜야 한다. 터널이나 지하차도에서는 차선 변경을 하지 않는 것이 원칙이며, 안전거리를 유지하여 돌발 상황에 대비한다. 운전자는 항상 운전면허증을 소지하고, 사고나 고장 시를 대비해 보험사 연락처를 알아두는 것이 좋다. 음주 단속이나 경찰의 검문에는 성실하게 협조하는 것이 책임 있는 시민의 태도이다.

3.2 국가별 운전 문화

국가에 따라 운전 방식과 교통 질서는 큰 차이를 보이며, 이러한 차이는 각국의 문화적 가치와 사회 시스템을 반영한다.

- 일본은 소형차 이용이 일반적이며, 운전석은 차량 오른쪽에 있다. 주행 중 양보 운전이 생활화되어 있고, 상향등을 깜빡여 길을 양보하는 경우도 있다. 차량 내부와 외부 청결 유지에도 신경을 많이 쓴다.
- 미국은 도로가 넓고 자동차 의존도가 높은 나라이다. 'STOP' 표지판이 있는 경우 반드시 정지선 앞에서 약 3초간 멈춰야 하며, 이를 지키지 않으면 벌금이 부과된다. 스쿨버스가 멈춘 경우, 모든 방향의 차량이 함께

〈미국의 스쿨버스〉

사진출처: https://brunch.co.kr/@hosslee/74

정지해야 하며, 이를 위반할 경우 법적 처벌이 크다. 각 주마다 교통 법규가 다르므로, 방문하는 지역의 규정을 미리 확인하는 것이 중요하다.

- 프랑스는 좁은 도로와 일방통행이 많아 운전이 까다로운 편이다. 음주운전 방지를 위한 '귀가 책임제'를 운영하는 경우도 있는데, 이는 술을 마시지 않은 사람이 운전을 책임지고 혜택을 받는 제도이다.
- 독일은 보행자 우선 문화가 확고하며, 횡단보도에 보행자가 서 있는 것만으로도 차량이 멈춰야 한다. 환경 보호 의식이 높아 잠깐 정차 시에도 시동을 끄는 습관이 있으며, 전 좌석 안전벨트 착용이 법으로 의무화되어 있다. 또한 트램이나 버스와 도로를 함께 사용하는 상황에서도 자가용은 항상 대중교통에 우선순위를 양보한다.

4 커피 문화와 매너

커피를 대접할 때는 상대방에 대한 존중과 세심한 배려가 필요하다. 커피잔과 받침, 티스푼을 함께 갖추며, 설탕이나 크림을 섞을 때 사용하는 스푼 외에는 음료를 떠먹는 행위는 피해야 한다. 사용한 스푼은 잔 받침 위에 올려두는 것이 기본이다. 커피가 뜨거울 경우 입으로 불기보다는 잠시 식힌 뒤 마시는 것이 예의이며, 상대방의 취향에 맞춰 커피의 종류나 진하기를 조절하는 것이 바람직하다.

세계 각국은 고유한 커피 문화를 가지고 있다.

- 미국은 연하고 대용량의 커피를 즐기며, 커피는 소리 없이 조용히 마시는 것이 일반적이다.
- 이탈리아는 진한 에스프레소를 서서 빠르게 마시는 문화가 있다. 커피는 짧은 순간의 활력을 위한 음료로 여겨진다.
- 프랑스에서는 카페에 앉아 여유롭게 커피를 마시는 것을 선호하며, 사색과 대화를 즐기는 문화가 짙다.
- 오스트리아는 '멜란지'라 불리는 커피가 대표적이며, 음악과 예술이 어

우러진 문화적 분위기 속에서 커피를 음미한다.

- 러시아는 진한 디저트와 함께 커피를 즐기며, 달콤한 간식과 어울리는 음료로 소비된다.
- 터키는 전통 방식으로 여러 번 끓여 낸 '터키쉬 커피'를 마시며, 특히 결혼 문화에서는 예비신부가 손수 커피를 준비하기도 한다.
- 아랍 지역에서는 커피가 환영과 예의의 상징이다. 커피를 마시기 싫을 경우 잔을 비운 뒤 살짝 흔들어 거절 의사를 표시하는 관습이 있다.

커피 한 잔에는 그 나라의 삶의 방식과 가치관이 담겨 있다. 커피를 제공하거나 마실 때, 문화적 배경과 상대방의 취향을 고려하는 태도는 국제적인 예절의 기본이 된다.

5 엘리베이터 이용 매너

엘리베이터는 짧은 시간 동안 여러 사람이 함께 사용하는 밀폐된 공간으로, 타인에 대한 배려가 즉각적으로 드러나는 장소이다. 가장 중요한 기본 매너는 안에 있는 사람이 먼저 내릴 수 있도록 출입을 양보하는 것이다.

상사나 손님과 함께 이용할 경우, 문이 닫히지 않도록 '열림' 버튼을 눌러 문을 잡고, 상대방이 먼저 탑승하거나 내릴 수 있도록 배려한다. 엘리베이터 내부에서는 안쪽이 상석으로 여겨지며, 손님이 가운데에 서게 될 경우, 동반자는 자연스럽게 양옆에 위치해 균형을 맞춘다.

내릴 때는 문이 닫히지 않도록 문을 잡아주는 것이 예의이며, 엘리베이터에 동행하지 않더라도 문이 완전히 닫힐 때까지 배웅하는 자세는 정중함을 나타낸다. 작은 공간에서도 예의를 지키는 태도는 짧은 순간에도 좋은 인상을 남길 수 있다.

6 헬스장 매너

헬스장은 다양한 사람들이 동시에 기구를 사용하는 공동 공간이다. 운동 자체보다 중요한 것은 함께 사용하는 공간에서 지켜야 할 기본적인 예절이다. 실내 운동화 착용은 필수이며, 운동 후 기구에 남은 땀은 수건으로 닦아 정리해야 한다. 수건은 필요한 만큼만 사용하고, 여러 개의 기구를 동시에 차지하는 행동은 피한다. 운동 중 과도한 소리를 내거나, 기구에 앉아 휴대폰을 오래 사용하는 행위는 다른 이용자에게 불편을 줄 수 있으므로 삼가는 것이 좋다. 사용한 기구는 제자리에 정리하고, 무거운 중량을 사용하는 사람 근처에서는 지나치게 가까이 다가가지 않도록 주의한다. 타인의 운동 모습을 뚫어지게 바라보는 것도 매너에 어긋난다.

탈의실과 샤워실 역시 모두가 이용하는 장소이므로, 사용 후 물기와 쓰레기를 정리하는 등 청결을 유지하는 태도가 필요하다. 헬스장은 개인의 건강을 위한 공간이자 타인과 공유하는 장소인 만큼, 배려하는 마음이 건강한 운동 문화를 만든다.

7 결혼식 문화와 예절

7.1 결혼식 참여 시 매너

결혼식은 인생의 중대한 순간을 함께 나누는 자리이다. 초청을 받았다면, 사전에 참석 여부를 알리는 것이 기본 예의다. 특별한 사정이 없다면 참석해 축하의 뜻을 전하는 것이 바람직하다.

결혼식 당일에는 최소 30분 전에 도착해 축하 인사를 전하고, 기념촬영에 참여하면 정중한 태도로 여겨진다. 상대방의 배우자를 처음 만나는 경우에는 간단한 인사와 함께 예의 있는 태도를 유지하고, 사적인 질문은 삼가야 한다.

복장은 단정하고 차분한 스타일을 선택하며, 특별한 드레스코드가 없다면 일반적인 정장이 무난하다. 축의금은 식대, 친분 정도, 개인 상황 등을 고려해 준비하며, 최근에는 붉은 봉투 사용도 자연스럽게 받아들여지고 있다.

7.2 나라별 결혼 문화

국가마다 결혼을 기념하는 방식은 고유한 전통과 예절을 포함한다.

- 미국: 프로포즈 이후 예식 준비가 본격화되며, 신랑신부의 친구들이 들러리로 참여한다. '퍼스트 룩'과 같은 연출이 있으며, 참석자는 RSVP를 통해 참석 여부를 사전에 알리는 것이 중요하다. 선물은 registry를 통해 미리 확인 후 준비한다.
- 일본: 청첩장과 함께 회신 엽서를 동봉해 참석 여부를 정중히 확인한다. 하객은 어두운 색상의 정장을 입고, 흰 드레스는 피한다. 축의금은 피로연 시작 전 제출하며, 하객에게는 답례품이 제공된다.
- 베트남: 신랑은 지참금과 신부의 집을 마련해야 하며, 결혼 당일 신부 가족과 아침 식사를 함께한다. 주례 없이 아버지가 반지를 끼워주는 예식이 일반적이다.
- 중국: 붉은 봉투에 짝수 금액을 넣어 축의금을 전하며, 숫자 4는 피한다. 하객은 원형 테이블에 착석하여 식사를 함께하고, 옆자리가 낯선 사람이라도 예의를 지키며 인사를 나눈다.
- 독일: 선물은 지정된 registry shop에서 준비하며, 교환이 가능하도록 상점 정보도 함께 제공하는 문화가 있다.
- 인도: 일부 지역에서는 하객이 선물을 준비하지 않아도 되며, 신랑 입장 시 하객이 춤을 추는 전통이 있다. 신랑 측은 이에 감사의 뜻으로 돈을 하객의 옷이나 주머니에 넣어주는 관습이 있다.

8 장례 문화와 조문 예절

8.1 한국의 장례 예절

장례식은 고인을 추모하고 유족에게 위로를 전하는 의식이다. 부고를 받으면 직접 조문하거나, 상황상 참석이 어려운 경우 조의금이나 조장(弔狀)을 통해 마음을 전하는 것이 예의다.

조문 시에는 부의금을 접수처나 부의함에 전달하고, 복장은 남성은 검정, 감색, 회색 계열의 정장, 여성은 단정한 검정 복장을 착용하며 과한 노출은 피한다. 절할 때 손을 포개는 방식은 음양오행에 따라 남성은 오른손 위, 여성은 왼손 위이다.

빈소에서는 외투를 벗고 입장해 상주에게 목례한 뒤, 영정 앞에서 묵념하고 향을 피운다. 향은 입으로 불지 않고 손으로 꺼내며, 향로에 꽂은 뒤 두 번 절을 한다. 이어 상주에게 맞절하거나 짧은 위로 인사를 전하고, 장시간 대화

〈조문 예절〉

❶ 조객록 서명
상가에 도착하면 조객록에 서명한다.

❷ 분향과 헌화
상주에게 목례 후 영정 앞에 무릎을 꿇고 앉는다.

❸ 재배
영좌 앞에 일어서서 잠깐 묵념 또는 두 번 절한다.

❹ 조문
영좌에서 물러나 상주와 맞절을 한다. 종교에 따라 절을 하지 않는 경우에는 정중히 고개를 숙여 예를 표해도 된다.

❺ 부의금 전달
부의금을 전달한다.

사진출처: http://thestoryplus.com/site/data/html_dir/2015/07/10/2015071001245.html

〈장례식장에서 절하는 방법〉

사진출처: http://thestoryplus.com/site/data/html_dir/2015/07/10/2015071001245.html

는 삼간다. 퇴장할 때는 뒷걸음으로 물러난 후 몸을 돌려 나온다.

종교에 따라 헌화를 할 경우, 꽃봉오리를 영정 쪽으로 향하게 하여 두 손으로 바치고 묵념한다.

8.2 중국의 장례 문화

중국의 장례는 고인이 오픈된 관에 누워 있는 상태로 서양방식과 유사하다. 장례기간 중에는 양파와 양고기를 먹지 않으며, 지전을 태우는 중 반만 타

다가 남은 것은 그대로 놔둔다, 이것은 망자가 산사람들에게 남겨주는 재물로 여긴다.

중국에서는 유가족 남녀 모두는 검은색이나 남색 옷을 입고, 상주는 '효(孝)'라고 적힌 검은 천을 왼쪽 팔이나 가슴에 달거나 노란색 꽃을 달고 일부 여자들은 머리에 흰 꽃을 꽂기도 한다. 조문은 가까운 친척 중심으로 진행되며, 초대받지 않은 경우 참석하지 않는 것이 일반적이다. 조문객은 되도록 화려하지 않은 수수한 옷을 입으며 진한 화장 역시 금기한다. 부의금은 홀수 금액으로 준비하며, 장례식 내내 엄숙하고 조용한 태도를 유지하는 것이 중요하다.

〈중국의 장례문화〉

사진출처: https://pico-jk.tistory.com/entry/%EC%A4%91%EA%B5%AD%EC%9E%A5%EB%A1%80%EC%8B%9D-%EC%9E%A5%EB%A1%80%EB%AC%B8%ED%99%94

8.3 일본의 장례 문화

일본은 고인에 대한 마지막 예를 매우 중시한다. 복장은 남성은 흰 셔츠와 검정 정장, 넥타이 착용이 기본이며, 여성은 노출 없는 검정 드레스나 기모노를 입고, 진주 목걸이 등 단정한 액세서리를 착용한다.

조의금은 흑백 리본이 달린 봉투에 넣으며, 내부에는 금액과 이름, 주소를 기입해 외부 봉투에 넣어 전달한다. 장례 절차는 '오츠야(お通夜)'라 불리는 저녁의 기도 모임과 그다음 날의 정식 장례로 나뉜다. 헌화는 관 앞에서 조심스럽게 진행되며, 장례식이 끝난 뒤 영구차가 출발하면서 긴 경적을 울려 이별을 알리는 전통도 있다.

〈조의금 봉투〉

사진출처: https://we-xpats.com/ko/guide/as/jp/detail/8517/

8.4 미국의 장례 문화

미국의 장례식은 초대 형식에 따라 조문 여부가 정해진다. 'Friends may call at'이라는 문구가 있으면 누구나 참석 가능하나, 'Funeral private'이면 초대받은 이들만 참석한다.

조문은 짧게 다녀오는 것이 일반적이며, 유족에게 꽃이나 음식을 보내는 관습이 발달해 있다. 조의금을 주는 경우도 있지만 받지 않는 경우가 많고, 대신 고인의 이름으로 자선단체에 기부하거나 동정 카드(sympathy card)를 전달한다.

장례식 전에는 '웨이크(Wake)'라 불리는 추모 시간이 마련되며, 고인의 어린시절, 학생시절, 연애시절, 결혼사진 등등 인생 전체를 통틀어 사진을 보여주는 사진 보드가 전시되기도 하며, 예쁘게 단장한 고인의 시신을 공개하는 '뷰잉(Viewing)' 절차도 있을 수 있다. 목회자의 진행에 따라 고인의 행복했던 삶을 남아 있는 사람들과 나누는 시간이 있으며 이때 울기도 하지만 웃기도 하는 등 슬픔의 표현방식이 다를 수 있다. 조문객은 방명록에 이름을 남기고, 유족과는 악수나 포옹으로 인사를 나눈다. 예식 도중 자리를 벗어나지 않는 것이 기본 예절이며, 복장은 대부분 검은색 정장이다.

〈미국의 장례문화〉

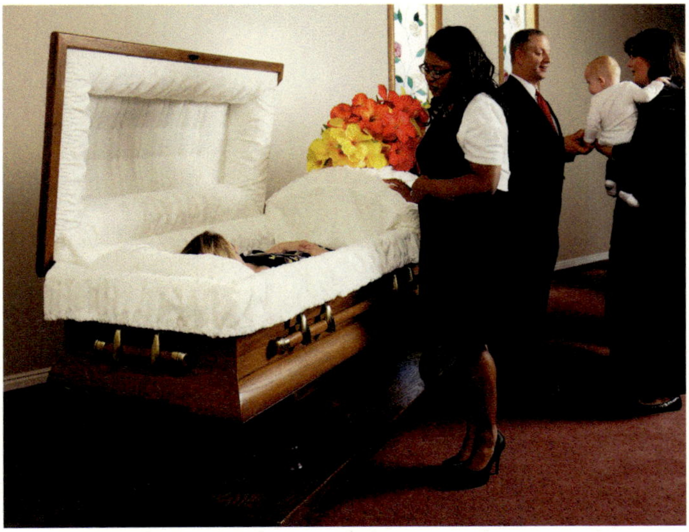

학습내용 요약

1. 화장실 사용, 생일 축하, 운전, 커피 제공, 엘리베이터 탑승, 헬스장 이용 등은 작지만 타인에 대한 배려가 필요한 생활 속 예절이다. 이러한 기본 매너는 국경을 넘어 국제적 공감대를 형성하는 데 중요한 역할을 한다.
2. 결혼과 장례는 누구에게나 의미 있는 날인 만큼 각 나라의 문화를 존중하며 절차에 맞는 예를 갖추는 태도가 무엇보다 중요하다. 다름을 인정하고 배려하는 자세야말로 글로벌 시민으로서 갖추어야 할 기본 소양임을 이해할 수 있었다.

생각 나누기

1. 헬스장에서 어떤 사람이 큰 소리로 기합을 넣으며 운동합니다. 주변 사람들은 불편해합니다. 이 상황에서 당신은 어떻게 할 것인가요? 표현의 자유와 공공예절 사이에서 균형 잡힌 태도는 무엇이라고 생각합니까?

2. 당신은 무슬림 친구의 결혼식에 초대받았습니다. 음식, 복장, 행동 모두 생소합니다. 당신은 어떤 준비를 하고 참석하겠습니까? 결혼이라는 전통적 행사를 통해 배려와 존중을 실천하는 당신의 태도를 말해보세요.

3. 외국인 친구에게 커피를 사줬더니, 그 친구는 "왜 날 도와줘? 뭔가 바라는 거야?" 라고 당황해합니다. 문화에 따라 호의가 오해가 될 수 있는 상황입니다. 당신은 이때 어떤 말과 행동으로 상황을 풀어나가겠습니까? 배려의 진심을 전달하는 당신만의 방법은?

CHAPTER

5

공공장소에서의 배려와 문화

제5장

공공장소에서의 배려와 문화

공공장소는 다수가 함께 사용하는 공간으로, 서로를 배려하는 태도는 기본적인 사회적 약속이자 공존의 출발점이다. 공연장, 스포츠 경기장, 모임과 파티 등 모두가 쾌적하게 공간을 공유하기 위해서는 개인의 행동 하나하나가 타인에게 어떤 영향을 미치는지 고려하는 자세가 필요하다.

1 공공장소에서의 휴대전화 사용 매너

공공장소에서는 휴대전화의 소리를 진동이나 무음으로 설정하는 것이 기본 예절이다. 대중교통, 박물관, 도서관 등에서는 긴 통화를 삼가고, 용건을 간결히 정리하여 조용하게 통화해야 한다.

보행 중이나 운전 중 스마트폰을 사용하는 행위는 안전을 위협할 뿐 아니라 타인에게 불편을 줄 수 있으므로 지양해야 한다. 또한 프라이버시가 중요한 장소에서의 사진 촬영은 금물이다.

모임 중에는 휴대전화를 테이블에 내려놓고 대화에 집중하는 것이 바람직하다. 메시지 알림이 자주 울릴 경우에는 알림을 해제하고, 보안 설정과 비밀번호 관리로 개인정보를 보호하는 습관도 필요하다. 통화를 마칠 때는 바로 끊지 않고 약간의 여유를 두는 태도, 부재중 전화에 대한 신속한 회신 또한 성숙한 커뮤니케이션 매너에 속한다.

2 흡연 매너

2.1 흡연자의 예절

흡연은 반드시 정해진 흡연구역에서만 해야 하며, 주변 사람들의 양해를 구하는 것이 예의다. 특히 임산부나 어린이가 있는 장소에서는 흡연을 삼가는 배려가 필요하다. 비흡연자와 함께 있을 경우 흡연 여부를 미리 확인하고, 흡연 구역이 없을 경우 휴대용 재떨이를 사용하는 것이 바람직하다.

흡연 시에는 자세를 단정히 하고, 담배꽁초는 불씨를 완전히 끄고 지정된 장소에 버려야 한다. 흡연 후에는 냄새가 옷이나 몸에 배지 않도록 정리한 뒤 실내로 들어가는 것이 타인을 배려하는 태도다.

전자담배 역시 흡연구역에서만 사용해야 하며, 사람이 밀집된 장소나 공공시설 근처에서 피우는 것은 지양해야 한다. 특히 화장실에서의 흡연은 공공장소에서 금지되어야 할 대표적인 비매너 행위다.

2.2 비흡연자의 배려

비흡연자 역시 흡연자에 대한 이해와 존중이 필요하다. 흡연 가능한 공간을 안내하거나, 일정 시간 동안 흡연할 수 있도록 배려하는 태도는 상호 존중을 실천하는 방식이다. 흡연자에게 흡연 중단을 강요하거나, 모욕적인 발언을 하는 것은 피해야 한다.

공공장소에서는 흡연자와 비흡연자가 서로의 생활 방식을 이해하고 배려하는 것이 공존의 문화로 이어진다. 흡연자에게 예의를 갖추는 태도 또한 성숙한 시민의 모습이다.

3 공연 관람 매너

공연장은 관객 모두가 함께 예술을 감상하며 감동을 나누는 공간이다. 그러므로 관람 시에는 타인에 대한 배려와 공연에 대한 존중을 바탕으로 한 예절이 요구된다.

공연 시작 최소 5~10분 전까지 자리에 앉아야 하며, 늦게 입장하거나 중간에 자리를 이동하는 것은 공연자와 관객 모두에게 방해가 될 수 있다. 휴대전화는 반드시 꺼두고, 공연 중 촬영이나 녹음은 금지된다. 이는 공연의 몰입을 방해하지 않으며, 아티스트의 저작권을 보호하는 차원에서도 중요하다.

어린이를 동반할 경우, 공연의 연령 제한 여부를 확인하고 사전에 예절교육을 해야 한다. 좌석은 지정된 자리를 지키며, 음식물은 반입이 제한되므로 생수 외의 음식은 지양한다. 공연 중 헛기침이나 잡음을 최소화하고, 공연의 특성에 맞는 시점에 박수를 치는 것이 좋다. 공연 종료 후에 자리를 뜨는 것이 공연자에 대한 기본적인 예우다.

3.1 오케스트라 관람 매너

오케스트라는 클래식 음악을 대표하는 공연 형태로, 관람 시 정숙한 태도와 절제된 예절이 요구된다. 공연 30분 전부터 입장이 가능하며, 객석이 어두워지면 연주자들이 입장하고 관객은 박수로 맞이한다. 악기 조율이 끝난 후 지휘자가 등장할 때에도 박수를 보내며, 그 이후에는 공연이 종료될 때까지 침묵을 유지하는 것이 일반적이다.

복장은 반드시 격식을 갖추지 않아도 되나, 어두운 계열의 단정한 차림이 적절하다. 사진 촬영이나 녹음은 금지되며, 인터미션 시간에만 화장실 이용이 가능하다. 여러 악장으로 구성된 곡은 전 악장이 끝난 후 박수를 치는 것이 예의이며, 공연 종료 후 감동을 표현하고자 한다면 기립박수로 감사를 전할 수 있다.

3.2 뮤지컬 관람 매너

뮤지컬은 음악, 연기, 무용이 결합된 대중적인 무대예술로, 창작과 라이선스 공연으로 나뉜다. 좌석은 등급별로 구분되며, 넘버가 끝나거나 장면이 전환될 때 박수를 치는 것이 일반적이다. 공연이 끝난 후 기립박수를 보내는 것도 흔한 관례다.

관람 중에는 등을 등받이에 붙여 뒷사람의 시야를 가리지 않도록 하며, 극 중 대사나 노래를 따라 부르지 않는다. 화장실은 인터미션 시간에만 이용 가능하므로, 이동 시에는 티켓을 소지해야 한다.

3.3 오페라 관람 매너

오페라는 성악과 연극, 무용이 결합된 종합예술로, 대부분 원어로 진행되며 마이크 없이 노래하는 경우가 많다. 관람 시에는 정장을 포함한 격식 있는 복장이 권장되며, 공연장의 분위기에 맞추는 것이 바람직하다.

공연 중에는 침묵을 유지하고, 커튼콜이나 장면 전환 시기에 맞춰 박수를 보낸다. 감동을 표현할 때는 박수와 함께 '브라보(남성)', '브라바(여성)', '브라비(혼성)', '브라베(여성 중창)' 등의 표현을 사용할 수 있다.

일부 유럽 국가에서는 공연이 기대에 미치지 못할 경우, 고대 전통에 따라 물건을 던지는 문화도 존재하나, 이는 어디까지나 특정 지역의 오래된 관습일 뿐 오늘날에는 일반적인 매너로 간주되지 않는다.

4 스포츠 활동에서의 매너

스포츠는 단순한 신체 활동을 넘어 타인과 소통하고 관계를 맺는 중요한 사회적 장이다. 각 종목에 따라 요구되는 매너를 이해하고 실천함으로써 보다 즐겁고 원만한 운동 문화를 만들어갈 수 있다.

4.1 골프 매너

골프는 사교적 목적과 여가 활동으로 널리 사랑받는 스포츠이다. 특히 비즈니스 환경에서의 인맥 형성 도구로 자주 활용되기에 기본적인 예절 숙지는 필수이다.

1) 초청 시 매너

골프에 누군가를 초대할 경우, 비용 부담 여부를 명확히 안내해야 한다. 특히 외국인의 경우 누가 비용을 지불하는지에 민감할 수 있으므로, 초청자가 부담하는 항목을 구체적으로 설명하는 것이 좋다. 예약은 정확한 날짜와 장소를 확정한 뒤 진행하며, 취소나 변경이 생길 경우 가능한 한 빨리 통보해야 한다. 무단 불참은 큰 결례로 여겨진다.

2) 경기 중 매너

티잉 그라운드에서는 타인의 샷에 방해되지 않도록 조용히 하고, 불필요한 움직임이나 소음을 자제해야 한다. 퍼팅 라인을 밟지 않도록 주의하며, 갤러리(관람객) 역시 선수의 집중을 방해하지 않도록 정숙을 유지해야 한다. 사진 촬영은 경기 규정에 따라 제한된다.

4.2 테니스 매너

테니스는 고전 귀족 스포츠에서 유래된 종목으로, 전통적인 예절을 중요시한다.

경기 시작 전과 종료 후에는 상대방에게 인사를 건네고, 전용 테니스화를 착용해 코트를 보호하며 안전사고를 예방한다. 서브를 넣기 전에는 상대방의 준비 상태를 확인하고, 공을 전달할 때는 받기 쉽게 원바운드로 넘기는 것이 바람직하다. 경기 중 코트 뒤를 지나는 것은 삼가고, 자신의 주변 공은 스스로 정리한다. 예약 코트를 이용할 때, 이전 경기가 종료되기 전에는 무리하게 접근하지 않는다.

4.3 수영 매너

수영은 공공 시설에서 다수가 함께 이용하는 스포츠이므로 위생과 안전을 위한 기본적인 예절이 중요하다.

수영장에 입장하기 전 반드시 샤워를 하고, 오일이나 로션의 사용은 금지한다. 이는 수질 오염 방지와 건강을 위한 필수적인 배려다. 수영장 내에서는 뛰지 않으며, 구획 로프를 장난삼아 누르거나 당기는 행위는 자제해야 한다. 물속에서 침을 뱉거나 코를 푸는 행동은 타인에게 불쾌감을 줄 수 있어 삼간다.

금속 액세서리는 부상의 위험이 있으므로 착용하지 않으며, 손톱과 발톱은 짧게 유지한다. 수영은 우측통행을 원칙으로 하며, 진행 방향과 반대로 헤엄치는 것은 금지되어 있다. 중간에서 멈추는 대신 풀 가장자리에서 휴식하는 것이 타인의 동선을 방해하지 않는 바람직한 행동이다.

5 파티 매너

파티는 친목을 도모하거나 특별한 일을 축하하기 위해 열리는 사교 행사로, 그 목적과 형식에 따라 다양한 유형으로 나뉜다. 파티의 성격에 따라 복장, 대화, 식사 방법 등이 달라지므로 상황에 맞는 예절을 이해하고 실천하는 것이 중요하다.

5.1 파티의 유형

파티는 다음과 같은 다양한 형태로 진행된다.

- 만찬회: 가장 격식을 차리는 파티로, 공식 초대를 받은 경우 복장은 다크 슈트 또는 연미복이며, 약속된 시간보다 5~7분 정도 일찍 도착하는 것이 예의다. 식사 전에는 음료와 오르되브르를 나누고, 본 식사는 약 3시간 정도 진행된다.
- 오찬회: 정오 무렵에 진행되며, 초대 시간에 맞춰 식사가 시작되므로 10~15분 일찍 도착해야 한다. 늦게 도착해도 기다리지 않으며, 주어진 음식부터 식사를 시작한다.
- 조찬회: 이른 아침에 열리는 모임으로, 가벼운 식사와 함께 간담회 형식으로 진행된다. 장소에 따라 집이나 호텔 레스토랑에서 열리며, 간단한 빵, 음료, 계란 요리 등이 제공된다.

- 뷔페: 손님이 직접 음식을 선택해 식사하는 형식으로, 캐주얼하고 효율적인 파티 방식이다. 코스별로 음식을 담고, 입식 파티의 경우 접시는 가슴 높이로 든다. 음식을 남기지 않는 것이 예의다.
- 다과회(티파티): 차와 다과를 나누며 담소를 나누는 파티로, 착석 또는 입식 형태로 진행된다. 초대자는 거실에서 손님을 맞이하고, 간단한 테이블 세팅과 서빙 예절을 지킨다. 규모가 크면 애프터눈 파티로 발전하며, 초대장에는 종료 시간을 명시한다.
- 샤워 파티: 선물을 전달하며 축하하는 파티로, 브라이덜 샤워(결혼 전), 베이비 샤워(출산 전)가 대표적이다. 선물은 직접 전달하고, 주빈은 선물을 열어 감사 인사를 표현한다.
- 칵테일 파티 & 리셉션: 음료와 가벼운 안주를 곁들이며 사교를 나누는 파티다. 칵테일이 중심이므로 과음이나 과식은 피하며, 파티의 초점은 대화에 있다. 리셉션은 보통 공식 인사를 동반하는 격식 있는 형태로, 입장 시 '리시빙 라인'을 통해 주최자에게 인사를 전한다.
- 가든 파티: 정원에서 열리는 비교적 규모가 큰 사교 모임이다. 공식일 경우 격식 있는 복장을 갖추며, 약식이라면 깔끔한 복장으로도 가능하다. 식사는 뷔페 형태가 일반적이다.
- 포트럭 파티: 참가자가 음식을 나눠 준비해 함께 먹는 형식으로, 유학생 모임 등에서 자주 활용된다. 음식을 준비할 때 주최자와 사전 조율하여 중복을 피하고, 무난하고 준비하기 쉬운 메뉴를 선택한다.
- 파자마 파티: 친구 집에서 함께 밤을 보내며 교류하는 비격식 파티로, 상대 집에서의 예의를 갖추는 것이 중요하다. 음식 정리, 집안 물건 사용시 허락받기 등의 기본 예절을 지킨다.

5.2 공통 파티 예절 요약

- 초대받았을 경우, 가능한 빠른 시일 내에 참석 여부를 통보한다.

- 초대장에 적힌 시간보다 약간 일찍 도착하며, 너무 이르거나 늦게 도착하는 것은 실례다.
- 복장은 파티의 목적과 장소, 시간에 맞게 선택한다.
- 주최자에게 인사를 전하고, 파티 종료 후에는 간단한 감사 인사를 남긴다.
- 음식은 적당량만 담고, 식사와 대화 예절을 지키며 타인을 배려한다.

5.3 알아두면 좋은 파티 용어

파티에 초대받았을 때, 사용되는 표현이나 약어의 의미를 정확히 이해하는 것은 상황에 맞는 예절을 실천하는 데 도움이 된다. 다음은 국제적인 파티 문화에서 자주 사용되는 용어들이다.

- B.Y.O.B.(Bring Your Own Bottle): 각자 자신의 음료를 가져오라는 의미로, 맥주나 와인 등 주량보다 약간 여유 있게 준비하는 것이 일반적이다. 주로 음료는 손님이, 간단한 안주는 주최 측이 준비한다.
- Cash Bar: 술은 개인이 계산하고, 음식은 주최자가 제공하는 파티를 말한다. 기호가 다양하고 비용이 부담되는 음주는 본인이 직접 지불하는 방식이 많다. 반대 개념은 Open Bar이다.
- Open Bar: 술과 음식을 주최자가 전액 부담하여 자유롭게 제공하는 방식이다. 주로 결혼식이나 피로연 등 공식적인 행사에서 운영된다.
- Pitch-in Party: 참석자들이 음식 또는 비용을 함께 부담하는 형식의 파티이다. 초대장에 이 용어가 있다면, 손님도 일정 부분 기여해야 함을 뜻하므로 사전에 주최자와 조율하는 것이 좋다.

5.4 파티의 진행과 마무리 예절

파티는 도착부터 마무리까지의 전 과정에서 정중하고 자연스러운 예절을 지키는 것이 중요하다.

- 입장 및 인사: 도착 시, 안내자가 있을 경우 소속과 이름을 밝히고 간단히 인사한 후 입장한다. 공식 행사에서는 부부가 동반할 경우 남성이 먼저 들어가며, 여성이 초청 주체일 경우 여성이 앞서 입장하는 것이 자연스럽다. 60명 이하의 소규모 행사에서는 안내인이 주최자에게 손님을 소개하는 방식으로 진행되기도 한다.
- 파티 중 행동: 다양한 사람과 자연스럽게 대화를 나누되, 친분 있는 사람만과 대화를 독점하지 않는 것이 매너다. 대화에서는 스스로를 소개하고 무리 없는 화제로 시작하며, 상대방의 반응을 살펴가며 공감과 경청을 바탕으로 대화를 이어가는 태도가 필요하다.
- 종료 및 감사 인사: 파티 종료 후에는 주최자에게 직접 감사의 인사를 전하는 것이 기본 예절이다. 특히 홈 파티나 사적 모임의 경우, 파티 종료 후 1~2일 이내에 감사 전화나 메시지를 전하는 것이 좋다. 경우에 따라서는 간단한 손편지나 주최자의 가족에게 따로 감사 인사를 전하는 것도 정중한 행동으로 여겨진다.

학습내용 요약

1. 휴대전화 사용은 진동 또는 무음 모드로 설정하며, 통화는 짧고 조용히 진행한다. 사진 촬영 금지 장소에서는 반드시 허락을 받아야 한다.
2. 흡연 예절은 정해진 흡연 구역에서만 이루어져야 하며, 담배꽁초 처리와 냄새 제거를 통해 타인에 대한 배려를 실천한다.
3. 공연 관람 시에는 정해진 시간보다 일찍 도착하고, 핸드폰은 꺼두며, 녹화나 녹음은 삼가야 한다. 공연 내용을 사전에 숙지하고, 박수는 적절한 시점에 치는 것이 중요하다.
4. 스포츠 활동에서는 해당 종목의 규칙과 복장을 갖추고, 시설과 장비는 타인과 공유한다는 마음으로 정리하고 사용하는 예절이 필요하다.
5. 파티 참석 시에는 초대에 대한 회신을 빠르게 전달하고, 파티의 성격에 맞는 복장과 태도를 갖춘다. 음식을 적당히 덜어 남기지 않고, 파티 종료 후에는 감사 인사를 잊지 않는다.

생각 나누기

1. 지정 흡연 구역 근처에 앉아 있던 비흡연자가 "냄새가 너무 심하다"며 항의합니다. 흡연자는 "나는 규칙을 지키고 있다"고 말합니다. 당신은 이 갈등을 어떻게 바라보며 해결하겠습니까? 흡연 예절이란 단순히 구역을 지키는 것을 넘어서 어떤 행동을 포함해야 할까요?

2. 외국인 친구가 공연 중 멋진 장면을 찍으려다 직원에게 제지당했습니다. 그는 "사진 찍는 게 왜 문제냐"고 묻습니다. 당신은 이 상황을 어떻게 설명하시겠습니까? 공연 예절은 왜 존재하며, 자유로운 표현과 어떻게 균형을 맞춰야 할까요?

3. 헬스장에서 기구를 사용한 뒤 정리하지 않은 사람을 보며, 어떤 이용자가 "공공시설을 사용하는 예의가 없다"고 말합니다. 당신은 이 상황에서 어떻게 행동할 거예요? '공용시설'에서의 배려는 어디까지 필요한가요? 본인의 생활 속 경험을 들어 설명해보세요.

CHAPTER

6

글로벌 비즈니스 매너

제6장

글로벌 비즈니스 매너

비즈니스 환경에서는 신뢰와 전문성을 기반으로 한 커뮤니케이션이 필수이다. 첫인상부터 명함 교환, 의전, 선물 문화에 이르기까지, 모든 행동에는 상대 국가의 문화를 이해하고 존중하는 태도가 필요하다. 이 장에서는 국제 비즈니스 현장에서 요구되는 다양한 예절과 그 문화적 차이를 살펴본다.

1 방문, 접객, 안내 매너

1.1 방문 매너

비즈니스 방문은 단순한 만남이 아니라 상호 간의 신뢰를 쌓는 중요한 계기가 된다. 방문자는 약속 시간을 철저히 지키고, 단정한 복장과 예의 바른 태도로 상대를 존중해야 한다. 방문 목적은 명확히 하고, 필요한 자료나 명함은 사전에 준비하는 것이 기본이다.

방문 시간은 일반적으로 오후 3시~5시 사이가 적절하다고 여겨지며, 점심시간 직후나 퇴근 직전은 피하는 것이 좋다. 건물에 도착한 뒤에는 외투를 벗고 용모를 정돈한 후 안내에 따라 행동하며, 허락 없이 사무실 내부를 자유롭게 둘러보지 않도록 주의한다.

1.2 접객 매너

초청자는 손님이 도착하기 전에 미리 대기하여 직접 맞이하는 것이 바람직하다. 짐이나 외투는 정중히 보관을 도와주며, 손님이 자리에 앉으면 차나 커피를 권할 수 있다. 이때, 컵 손잡이는 오른손으로 잡기 쉽게 놓고, 설탕과 크림도 함께 준비하는 세심함이 요구된다.

응대 중에는 휴대전화 사용을 삼가며, 급하지 않은 전화는 받지 않는 것이 예의이다. 명함은 상대방의 이름과 직함을 확인한 후 두 손으로 정중히 주고받는다. 명함을 받은 뒤에는 곧바로 지갑에 넣지 말고 잠시 바라보며 경청의 자세를 보이는 것이 좋다.

1.3 안내 매너

방문객이 약속된 시간에 도착한 경우, 바로 접견 장소로 안내하며, 사전 약속이 없을 경우에는 방문 목적과 대상을 확인한 후 적절한 대기 공간으로 모시는 것이 바람직하다. 이때, 대기 중에 제공할 수 있는 음료나 기업 자료를 준비해두는 것도 좋은 인상을 남길 수 있다.

담당자가 부재 중일 경우, 응대 가능한 다른 직원이 있는지 확인하고 상황에 따라 방문 기록을 남기거나 재방문 일정을 안내하는 등 적극적인 응대 자세가 요구된다.

2 소개 매너

비즈니스 환경이나 사회적 자리에서는 타인에게 자신을 소개하거나, 제3자를 소개하는 일이 빈번하게 발생한다. 소개는 단순한 이름 전달을 넘어 첫인상을 결정짓는 중요한 순간이며, 이후의 대화 분위기와 인간관계에까지 영향을 미친다.

2.1 자기소개

자신을 소개할 때는 상대가 이해하기 쉽도록 간결하고 정중한 태도로 표현하는 것이 기본이다. "○○회사 ○○○입니다"처럼 소속과 이름만 간단히 밝히는 것으로 충분하며, 직위나 직책은 상대의 필요나 상황에 따라 선택적으로 언급한다. 특히 본인의 이름 앞에 'Mr.', 'Miss' 등의 존칭을 붙이는 것은 적절하지 않으며, 자연스럽고 겸손한 자세가 바람직하다.

전화로 자신을 소개할 때는 통화 목적을 명확히 하되, 길게 설명하기보다 상대방이 쉽게 기억할 수 있도록 핵심만 간결히 전달한다. 유머를 활용한 소개는 분위기를 부드럽게 만들 수 있지만, 공식적인 자리에서는 과한 표현은 자제해야 한다.

사적인 모임에서는 소속보다는 사람 중심의 소개가 적절하며, 상대가 편안하게 느낄 수 있도록 배려하는 태도를 갖추는 것이 중요하다.

2.2 소개 순서

공식적인 자리에서는 일정한 소개 순서를 따르는 것이 상대에 대한 존중이며 사회적 질서를 지키는 행동이다.

일반적인 소개 순서는 다음과 같다.

- 하급자가 상급자에게, 연소자가 연장자에게 소개한다.
- 남성이 여성에게 소개하는 것이 원칙이나, 남성의 지위가 현저히 높을 경우 예외적으로 반대 순서가 가능하다.
- 가족 구성원은 외부인에게 먼저 소개하며, 사내 직원은 방문자에게 먼저 소개한다. 단, 직원의 지위가 매우 높을 경우 순서가 바뀔 수 있다.
- 소수가 다수에게 소개하며, 다수가 있을 경우 직위나 좌석 위치 등을 기준으로 순서를 정한다.
- 여러 명을 소개할 때는 소속, 직업, 역할 등을 간단히 함께 설명하거나, 각자가 자기소개하는 형식도 사용할 수 있다.
- 성직자, 고위직, 고령자에게는 반드시 일어나서 인사를 나누는 것이 예의이다.

2.3 소개 시 주의사항

소개는 가능한 한 모두가 자리에서 일어나 정중하게 인사를 나누는 것이 원칙이다. 상대방의 이름은 성과 이름을 정확히 말해야 하며, 외국인인 경우에도 이름의 발음을 정확히 확인하고 소개하는 태도가 필요하다. 한쪽만 소개하거나 이름을 대충 얼버무리는 태도는 실례가 된다.

자기소개 시에는 겸손하게 자신을 낮추고, 상대를 존중하는 자세로 임해야 한다. 소개는 다음과 같은 다섯 단계로 이루어지는 것이 바람직하다:

- 소개받기 전 자리에 일어나 상대를 향한다.
- 미소와 함께 명확한 인사를 건넨다.
- 악수 또는 목례로 첫 인사를 나눈다.
- 명함을 정중히 건네며 자신의 소속과 이름을 전달한다.
- 대화가 끝나면 예의 바르게 작별 인사를 한다.

이와 같은 절차는 격식 있는 만남의 분위기를 형성하고, 신뢰를 바탕으로 한 비즈니스 관계의 시작점이 된다.

3 명함 매너

3.1 명함의 유래와 종류

명함은 본래 사교 목적으로 사용되던 '비지팅 카드'에서 유래되었다. 중국에서는 집을 찾은 사람이 부재중일 경우 이름을 적어 남기는 풍습이 있었고, 유럽에서는 귀족들이 하인을 통해 방문 사실을 알리는 수단으로 명함을 사용했다. 이처럼 사적인 목적에서 시작된 명함은 현대에 들어와 비즈니스 현장에서 기본적인 소개 수단으로 정착되었다.

오늘날 한국에서는 주로 회사 정보가 포함된 업무용 명함이 일반적이며, 서양 일부 지역에서는 여전히 사교용 명함을 따로 사용하기도 한다. 업무용 명함은 회사명, 부서, 직위, 연락처 등의 정보가 담기며, 사교용 명함은 소속보다는 개인 정보 중심으로 구성된다. 지나치게 많은 직함을 나열하기보다는 핵심 정보를 간결하게 표현하는 것이 신뢰감을 준다.

3.2 명함 준비 예절

명함은 첫인상을 결정짓는 중요한 도구다. 항상 깔끔하게 보관하며, 명함 케이스나 상의 안쪽 주머니 등에 넣어 관리한다. 예상 인원의 약 3배 정도를 준비하면 갑작스러운 상황에도 대처할 수 있다. 명함을 급하게 꺼내거나 허둥대는 모습은 좋지 않으며, 타이밍을 놓쳤다면 "늦었지만 드리겠습니다"와 같은 말로 정중함을 표현한다.

3.3 명함을 건네는 방법

명함을 건넬 때는 상대가 쉽게 읽을 수 있도록 방향을 맞춰 두 손으로 전달한다. 손은 명함의 여백을 잡고, 가슴 높이에서 정중하게 내민다. 자신이 상대방보다 지위가 낮거나 나이가 적다면 먼저 명함을 주는 것이 예의다. 이때 "○○회사 ○○○입니다"처럼 간단한 자기소개를 함께 곁들이면 좋다.

3.4 명함을 받는 태도

명함은 두 손으로 공손히 받는다. 받은 뒤에는 곧바로 지갑에 넣지 말고, 이름과 직책 등을 눈으로 확인하며 가볍게 대화를 이어간다. 명함에 낯선 글자나 외국어가 있다면 정중하게 질문해 정확히 이해하는 태도가 좋다. 명함을 동시에 여러 장 받을 경우는 순서대로 정리해 혼동을 피한다.

3.5 교환 시 주의사항

명함은 한 사람씩 개별적으로 정성스럽게 주고받아야 하며, 여러 명에게 한꺼번에 돌리는 방식은 피해야 한다. 받은 명함에 낙서하는 것은 실례이며,

꼭 메모가 필요하다면 상대의 양해를 구한 후 단정히 작성해야 한다. 명함은 중요한 정보이자 상대에 대한 존중의 표시이므로, 접거나 아무 데나 넣는 행동은 삼가야 한다.

국가별로도 명함 예절은 다르다. 예를 들어 일본에서는 명함을 매우 공손히 다루며, 두 손으로 받고 잠시 바라보는 태도를 중요하게 여긴다. 인도에서는 오른손으로 명함을 주고받는 것이 일반적이며, 개인적인 만남에서도 명함 교환이 이뤄진다.

명함 건넬 때

동시에 주고 받을 때

3.6 디지털 시대의 명함

스마트폰과 디지털 명함이 보편화된 시대지만, 종이 명함은 여전히 실무에서 중요한 역할을 한다. 명함은 단순한 연락처 이상의 의미를 지닌다. 그것은 자신의 정체성을 담은 소형 브랜드이자, 상대를 향한 존중과 신뢰의 표현이다. 따라서 격식을 갖춘 명함 교환은 여전히 중요한 글로벌 비즈니스 매너로 자리 잡고 있다.

4 의전과 실무

국제 비즈니스에서는 상대에 대한 존중과 문화적 이해를 바탕으로 한 의전이 필수적이다. 의전은 단순한 예절이 아니라 국제 신뢰를 형성하는 중요한 수단이다.

4.1 의전의 개념과 원칙

의전은 외교 용어인 '프로토콜'에서 유래되었다. 그리스어의 '첫 번째(protos)'와 '붙이다(kollen)'에서 비롯된 이 용어는 원래 공식 문서의 첫 장을 의미했으며, 이후 국가 간 예절과 절차를 뜻하게 되었다. 현재는 외교뿐만 아니라 기업, 기관의 공식 행사에서도 폭넓게 적용된다.

의전의 본질은 존중, 문화 이해, 상호주의에 있다. 상대 국가의 종교, 관습, 금기 등을 고려하여 예를 갖추는 자세가 중요하다. 예를 들어, 중동에서는 종교적 이유로 건배가 생략될 수 있으며, 이는 그 문화를 이해하고 존중하는 태도로 받아들여야 한다. 국가 간 행사에서는 받은 대우만큼 되돌려주는 상호주의 원칙이 중요한데, 이를 어길 경우 심각한 외교적 결례가 될 수 있다.

4.2 서열의 중요성

공식 행사에서 서열은 자리배치와 예우의 기준이 된다. 이를 무시하면 상대에 대한 실례로 여겨질 수 있다. 예컨대 외국 대사는 자신의 공식 서열보다 낮은 자리에 배치될 경우 불쾌감을 표할 수 있다. 서열은 공직자의 직위나 외교적 지위에 따라 결정된다.

1) 공식 서열

공직자나 귀족 등 법적으로 정해진 지위를 기준으로 하는 서열이다. 헌법이나 정부조직법에 근거하여, 공식 행사에서 엄격하게 적용된다. 예를 들어 2002년 한일 월드컵 개막식에서는 일본 황족과 총리, FIFA 회장, 한국 대통령

간의 미묘한 자리 배치를 통해 외교적 갈등을 피하고 국제 위신을 조율한 바 있다.

2) 관례상 서열

공식 직위가 없는 민간인에게는 사회적 통념에 따라 서열이 정해진다. 일반적으로 여성은 남성보다, 연장자는 연소자보다, 외국인은 내국인보다 우선한다. 여성 간 서열은 기혼, 미망인, 이혼, 미혼 순으로 분류되며, 기혼 여성의 서열은 남편의 직위에 따라 달라질 수 있다.

4.3 의전 실무

공식 행사나 외빈 접대 시 의전 실무자는 사전에 세밀한 준비가 필요하다.

1) 의전 준비 항목

- 경칭 사용: 상대국 문화와 지위에 맞는 호칭을 정확히 사용한다(예: Excellency, The Honorable 등).
- 호칭 매너: first name 사용은 상대가 제안할 경우에만 유럽은 직책보다 학위를 중시할 수 있다.
- 서열 고려: 공직자는 우선 배려하고, 관례상 배려 대상(여성, 외국인, 연장자 등)도 함께 고려한다.

2) 단계별 실무 절차

- 사전 정보 파악: 방문자의 이름, 직책, 기호, 건강상태, 통역 필요 여부 등 체크
- 공항 영접: VIP 라운지 예약, 환영 인원 정리, 사진 및 언론 노출 여부 확인
- 호텔 관리: 환영 카드, 과일 바구니, 꽃 준비, 체크인 간소화
- 리셉션 운영: 명패, 좌석 배치, 진행 순서 정리, 서열에 맞는 안내
- 식사 준비: 선호 음식 및 식단 구성, 분위기 고려한 메뉴 선정

- 전체 일정 조율: 동선, 시간표, 접견 인물 정리
- 환송 절차: 공항 체크인, 라운지 이용, 사진 촬영, 환송 인원 안내
- 마무리: 감사 선물, 사진첩 제공, 행사 기록 문서화

5 국제 비즈니스 선물 에티켓

국제 비즈니스에서 선물은 관계 형성과 신뢰의 상징으로 작용한다. 고위급 회담이나 미팅에서 선물은 문화를 대표하고 국가 이미지를 전하는 도구가 된다.

5.1 선물시 고려사항

선물은 포장보다 의미와 배려가 중요하다. 상대의 문화와 종교를 고려하고, 회사 정책에 어긋나지 않도록 주의해야 한다. 협상 중에는 증정 시점을 신중히 정하고, 가격은 부담스럽지 않은 수준으로 조절한다. 실용적이고 상징적인 품목이 가장 적절하다. 받는 사람 또한 감사 표현과 수락 기준을 명확히 하여 오해를 방지해야 하며, 감사 카드나 메시지 전달도 예의이다.

5.2 국가별 선물 문화

전통 공예품, 고급 필기류, 차·커피 등은 대표적인 무난한 선물이다. K-콘텐츠와 연계된 한국 기념품도 좋은 예다. 반면, 의류나 고가 물품, 부정적 상징이 있는 물품은 피해야 한다. 예를 들어 독일인에게 나치 관련 문양이 있는 선물은 큰 결례가 된다.

동양권에서는 포장을 바로 열지 않는 것이 예의지만, 서양에서는 즉시 열어 감사를 표현하는 문화가 있다. 색상도 주의해야 하는데, 중국에서는 흰색이 슬픔을 의미하므로 축하 자리에 부적절하다. 종교적 이유로 이슬람권에서는 돼지고기나 술, 힌두교권에서는 소 관련 제품이 금기다.

상대 국가의 대표 품목을 선물하는 것은 무례하게 여겨질 수 있다. 예를

들어, 커피 생산국에 커피를 선물하거나 도자기 강국에 도자기를 주는 것은 피해야 한다. 흔하지 않으면서도 의미 있는 선물이 바람직하다.

학습내용 요약

1. 비즈니스 매너는 사전 약속, 방문 태도, 단정한 복장, 정확한 안내와 정중한 배웅 등 기본적인 예절을 포함한다.
2. 소개 시에는 하급자를 상급자에게, 남성을 여성에게 소개하는 순서를 지키며, 서로 일어나 인사하고 명함을 교환하는 것이 매너이다. 명함은 두 손으로 전달하고 바로 보관하지 않으며, 대화를 통해 상대 정보를 기억한다.
3. 의전은 상대에 대한 존중과 문화적 배려를 바탕으로 하며, 경칭 사용과 서열 고려가 중요하다.
4. 선물은 문화와 종교, 가격, 시기 등을 고려해 준비하고, 과도하거나 개인적인 물품은 피하는 것이 바람직하다. 모든 매너는 상호 존중을 바탕으로 이루어진다.

생각 나누기

1. 외국 바이어가 명함을 한 손으로 건네고 바로 가방에 넣었습니다. 한국 파트너는 무례하다고 느꼈습니다. 당신은 명함 예절의 본질이 '형식'에 있다고 생각하나요, '존중의 표현'에 있다고 생각하나요? 상대의 문화 차이를 고려해 어떻게 대응하시겠습니까?

2. 회사 대표가 중동 고객에게 고급 와인 세트를 선물하려 했으나, 이슬람 문화에서는 술이 금기입니다. 당신이 실무 담당자라면 이 상황에서 어떤 선물을 어떻게 준비하겠습니까? 선물의 의미는 단순한 물건 전달을 넘어서 어떤 역할을 할까요?

3. 일부는 의전을 "불필요한 서열 문화"라고 말하고, 일부는 "관계의 질서를 위한 존중"이라고 말합니다. 당신은 의전이 비즈니스에서 어떤 의미를 가진다고 생각하나요? 그리고 그것을 어떤 태도로 실천해야 한다고 보십니까?

CHAPTER

7

일 잘하는 사람의 커뮤니케이션 매너

제7장

일 잘하는 사람의 커뮤니케이션 매너

생텍쥐페리의 『어린왕자』에서는 “말은 오해의 근원이다”라는 대사가 나온다. 이는 우리가 말로 소통하면서도 종종 오해가 발생할 수 있음을 시사한다. 하지만 일상과 업무에서 소통은 반드시 필요하며, 정중한 대화와 예의는 신뢰를 쌓는 핵심이다. 이 장에서는 업무 환경에서 필요한 커뮤니케이션 매너를 알아본다.

학습자는 이 장을 통해 상대방의 말을 경청하고, 정중하게 말하며, 전화와 이메일을 포함한 다양한 방식의 소통에서 전문성을 갖출 수 있다. 보고 방식까지 익혀 원활한 업무 협력을 기대할 수 있다.

1 경 청

사람들과 소통하기 위해 우리는 대화를 나눈다. 소통을 원활하게 하기 위해서는 조리 있게 말하는 것보다 먼저 상대방의 말을 잘 듣는 ‘경청’이 중요하다. 많은 사람들이 말하는 것을 좋아하지만, 실제로는 상대방의 이야기를 진심으로 들어주는 것이 대화의 기본 매너이다.

경청은 상대방이 전달하고자 하는 말의 내용뿐만 아니라 그 속에 담긴 동기와 정서까지도 함께 이해하며, 이에 피드백을 제공하는 능동적 태도를 의미한다.

경청을 방해하는 요소로는 첫째, 비교하기가 있다. 상대의 말과 태도를 다른 사람과 비교하면 집중하기 어려워진다. 둘째, 짐작하기이다. 말을 끝까지 듣지 않고 미리 결론을 내리는 태도는 경청을 방해한다. 셋째, 판단하기이다. 옳고 그름, 좋고 나쁨으로 상대를 평가하려 하면 말의 본뜻을 놓치기 쉽다. 넷째, 딴생각하기이다. 상대의 말에 온전히 집중하지 못하면 내용의 절반만 이해하거나 오해를 하게 된다. 마지막으로, 자기 중심적으로 생각하기가 있다. 자신의 경험을 기준으로 상대의 말을 해석하거나 중간에 충고하려는 습관은 경청을 방해한다.

따라서 경청은 단순히 듣는 것이 아니라 상대방의 입장과 감정, 말의 맥락을 함께 이해하려는 태도로 임해야 한다.

1.1 경청을 잘하는 방법

경청을 잘하기 위해서는 먼저 상대의 말에 집중해야 한다. 중간에 말을 끊지 않고 끝까지 들어야 하며, 주의 깊게 듣는 태도가 필요하다.

1) 경청을 방해하는 요인

- 비교하기: 다른 사람과 비교하며 듣기
- 짐작하기: 결론을 미리 예단함
- 판단하기: 옳고 그름으로 평가함
- 딴생각하기: 집중력 부족으로 대화 놓침
- 자기중심적 사고: 충고나 자기 경험으로 이야기 끌어가기

2) 경청을 잘하는 방법

- 집중하기: 말을 끝까지 끊지 않고 주의 깊게 듣기
- 눈 맞추기: 상대의 눈을 바라보며 관심 표현하기
- 공감 반응하기: 고개 끄덕이기, 감탄사 사용 등으로 반응하기
- 확인하기: 요약 또는 질문을 통해 내용 정확히 파악하기

경청은 존중을 표현하고, 오해를 줄이며, 협력적 대화를 이끄는 첫걸음이다.

2 말하기

말하기는 단순히 정보를 전달하는 것을 넘어, 상대방과의 관계를 형성하고 신뢰를 쌓는 중요한 커뮤니케이션 도구이다. 특히 비즈니스 환경에서는 말의 내용뿐만 아니라 어떻게 말하느냐가 조직 내 인간관계와 업무 성과에 직접적인 영향을 미친다. 정중하고 긍정적이며, 명확한 말하기 태도는 개인의 전문성과 성숙함을 보여주는 중요한 요소이다.

2.1 긍정적 표현

같은 의미를 전달하더라도, 표현 방식에 따라 듣는 사람이 느끼는 감정은 크게 달라질 수 있다. 예를 들어, "학교에 안 갔어?"보다는 "학교에 못 갔어?"라는 말이 더 따뜻하고 배려 있는 말투가 된다. 이는 상대방의 사정을 고려하며 말하는 태도이며, 불필요한 방어적 반응을 줄이고 대화를 부드럽게 만든다.

긍정적인 말하기는 갈등을 줄이고, 상대와의 관계를 더욱 유연하게 만든다. 일상 대화뿐 아니라 회의, 상담, 발표 등 다양한 상황에서도 말투와 표현에 조금 더 신경을 쓰는 것만으로도 대화의 분위기를 크게 바꿀 수 있다.

2.2 공손한 표현

공손한 말은 상대방에 대한 존중의 표현이다. 그러나 일상에서 무심코 사용하는 표현 중에는 실제로는 예의에 어긋나거나 부적절한 말이 적지 않다.

대표적인 예로 압존법을 들 수 있다. 압존법이란 '대화 상대보다 제3자의 지위가 낮더라도, 대화 상대가 그 제3자를 높여야 할 경우에는 높이지 않는' 원칙이다. 예를 들어 "부장님, 과장님이 아직 안 오셨습니다"는 올바른 표현이지만, "과장님께서 아직 안 오셨습니다"는 압존법을 어겨 부장님 앞에서 과장을 높이는 실수가 된다.

또한 다음과 같은 일상 표현도 공손하게 다듬을 필요가 있다:

- “요금은 만 원이세요” → “요금은 만 원입니다”
- “주소가 어떻게 되세요?” → “주소가 어떻게 됩니까?”
- “이쪽으로 가실게요” → “이쪽으로 안내해 드리겠습니다”

겸양어(예: 저희, 여쭙다, 모시다)는 자신을 낮추고 상대를 높이는 언어적 태도를 보여주는 표현으로, 서비스업이나 고객 응대, 공식적인 자리에서 적극적으로 사용해야 한다. 특히 현대 조직문화에서는 나이보다 직책과 역할에 따른 존중이 더욱 중요시되며, 직급을 기준으로 예의를 갖춘 언어를 사용하는 것이 바람직하다.

2.3 쉽고 명확한 표현

좋은 커뮤니케이션은 어렵고 복잡한 말을 잘하는 것이 아니라, 상대가 이해하기 쉽도록 말하는 것에서 시작된다. 특히 비즈니스 환경에서는 전문용어나 복잡한 표현보다는 누구나 이해할 수 있는 쉬운 언어를 선택하는 것이 효과적이다.

명확한 말하기는 발음의 정확성, 적절한 속도, 간결한 문장, 표정과 말투 등 다양한 요소에 의해 완성된다. 너무 빠르거나 작게 말하면 의사 전달이 어렵고, 지나치게 격식 차린 말투는 부담을 줄 수 있으므로 상황에 맞는 조절이 필요하다. 밝은 표정과 자신감 있는 말투는 메시지의 신뢰도와 전달력을 높여주는 요소다.

또한 은어, 유행어, 비속어는 듣는 사람에게 소외감이나 불쾌감을 줄 수 있으므로 사용을 자제하는 것이 바람직하다. 말하기는 인격을 드러내는 창이며, 공적인 자리일수록 품격 있는 언어 습관이 중요하다.

3 외국인과의 대화 매너

외국인과의 대화에서는 문화 차이를 이해하고 예의를 갖춘 태도가 중요하다. 한국과 달리, 많은 국가에서는 눈을 맞추며 말하는 것이 신뢰와 관심의 표현으로 여겨진다. 서양 문화권에서는 시선을 피하는 행동이 무성의하거나 무례하다고 해석될 수 있다.

또한, 개인 공간을 존중하는 거리 유지가 필요하다. 서양에서는 보통 약 50~60cm의 거리를 유지하며, 가까이 다가서거나 신체 접촉을 시도하면 불쾌감을 줄 수 있다. 한국에서는 친근감의 표현일 수 있는 행동도, 외국인에게는 불편하게 느껴질 수 있음을 인식해야 한다.

사적인 질문은 삼가야 한다. 직업, 연봉, 결혼 여부, 가족 등은 개인 정보에 속하며, 처음 만난 외국인에게 이러한 질문은 실례가 될 수 있다. 친밀해지기 전에는 가벼운 주제로 대화를 시작하는 것이 바람직하다.

처음 만나는 외국인에게는 정중한 호칭 사용이 필수다. Mr., Ms. 등의 존칭을 쓰고, 상대가 별도로 요청하지 않는 한 이름만 부르는 것은 피한다.

3.1 적절한 대화 주제와 피해야 할 주제

처음 대화를 나눌 때는 누구나 공감할 수 있는 가벼운 주제가 좋다. 날씨, 음식, 스포츠, 여행, 문화 행사 등은 대화를 자연스럽게 이어가기에 적합하다. 이후 관심사에 따라 책, 영화, 뉴스 등으로 확장할 수 있다.

반대로, 정치, 종교, 인종과 관련된 민감한 주제는 피해야 한다. 상대의 가치관이나 신념과 충돌할 수 있기 때문이다. 또한 건강이나 재정처럼 사적인 주제도 조심스럽게 다뤄야 한다.

3.2 국가별 선호 대화 주제

국제적인 교류가 활발해지는 현대 사회에서, 다양한 국가의 사람들과 원활하게 소통하기 위해서는 상대 문화에 대한 이해와 존중이 필요하다. 특히 대화의 주제 선택은 인간관계의 첫 단추를 여는 요소이므로, 문화적 차이를 고려한 주제 선별이 중요하다. 국가마다 선호하는 대화 주제는 역사적 배경,

종교, 사회 분위기, 국민 정서 등에 따라 달라진다.

다음은 몇몇 대표 국가에서 흔히 긍정적으로 받아들여지는 대화 주제들이다.

- 중국에서는 자국의 역사와 문화에 대한 존중과 긍정적인 언급을 높이 평가한다. 예를 들어, 중국의 유구한 문명이나 전통 예술에 대해 감탄을 표하면 좋은 인상을 줄 수 있다.
- 독일 사람들은 축구, 하이킹, 지역 맥주, 여행과 같은 실생활에 기반한 주제에 친숙함을 느낀다. 특히 축구는 세대를 초월한 공통의 관심사이다.
- 인도네시아에서는 미래에 대한 계획, 일상 속 소소한 행복, 여행 이야기 등 밝고 긍정적인 주제를 좋아한다. 상대방의 꿈이나 가족에 대해 묻는 것도 친밀감을 높이는 데 도움이 된다.
- 멕시코에서는 예술, 문학, 영화, 고대 문명 등에 대한 관심이 높다. 특히 자국 문화에 대한 이해와 존중을 보여줄 경우, 더 깊은 교류가 가능해진다.
- 브라질은 단연코 축구가 최고의 대화 주제이다. 특정 선수를 언급하거나 월드컵과 관련된 이야기를 나누는 것만으로도 분위기가 빠르게 가까워진다.
- 인도는 전통문화, 역사, 종교 의식 등 문화적 유산에 대한 자부심이 크다. 이에 대해 경청하고 존중하는 태도를 보이면 호감을 얻을 수 있다.
- 사우디아라비아에서는 이슬람 문화와 스포츠, 특히 축구에 대한 대화에서 공감대를 형성하기 쉽다. 종교는 민감한 주제이지만, 문화적 존중의 선에서 다가가면 좋은 인상을 남길 수 있다.
- 이집트는 세계적으로 유명한 고대 문명, 피라미드, 파라오 이야기 등 자국의 찬란한 과거에 대한 긍지를 강하게 가지고 있으며, 축구, 농구, 권투 등 스포츠도 인기 있는 화제이다.

이처럼 상대국의 문화와 정서를 존중하며 대화 주제를 선택하는 것은, 단순한 예의 차원을 넘어 관계를 형성하고 신뢰를 쌓는 핵심 매너라 할 수 있다. 다만, 종교적 갈등, 인권 문제, 정치, 식민지 역사 등 민감하거나 부정적인 주제는 피해야 하며, 설령 언급하게 되더라도 비판보다는 경청과 존중의 태도를 유지하는 것이 중요하다.

4 전화 매너

전화는 얼굴을 마주하지 않고 오직 목소리로만 소통하는 수단이다. 특히 비즈니스 상황에서는 전화 한 통이 기업의 이미지와 직결되므로 더욱 정중하고 신중한 태도가 요구된다.

첫째, 음성 표현이 전부이므로 말투와 어휘 선택에 주의해야 한다. 감정이 목소리를 통해 그대로 전달되기 때문이다. 둘째, 전화는 일방적 소통의 특성이 있으므로 상대방의 상황을 고려하지 않으면 실례가 될 수 있다. 셋째, 업무와 사적인 전화는 구분해야 하며, 불필요한 통화는 회사 자원의 낭비로 이어질 수 있다. 넷째, 통화 시 주변 환경도 중요하다. 조용한 곳에서 통화하고, 필요할 경우 대기 기능을 활용해 상대방을 배려한다.

4.1 전화 응대의 3원칙_ 친절·신속·정확

- 친절: 밝고 부드러운 목소리는 좋은 인상을 만든다. 여성은 중간 음역대(Sol), 남성은 낮은 중음역대(Mi)가 안정감을 준다. 단순히 말하는 것이 아니라, 경청의 태도를 담아야 한다.
- 신속: 전화는 2~3번 벨소리 안에 받는 것이 이상적이다. 늦게 받았을 경우에는 예의 있게 사과의 말을 전한다.
- 정확: 대화 내용을 놓치지 않기 위해 메모와 반복 확인이 필요하다. 특히 숫자나 중요한 정보는 '5W2H(언제, 누가, 무엇을, 어디서, 왜, 어떻게, 얼마나)' 원칙에 따라 정리한다.

4.2 상황별 전화 응대 요령

- 전화를 걸기 전: 상대방의 이름, 소속, 연락처를 미리 확인하고, 통화 목적과 내용을 메모해 둔다.
- 전화를 걸 때: 인사 후 자신의 소속과 이름을 밝히고, 명확한 발음으로 요점을 전달한다. 통화 후에는 감사 인사를 하고 2~3초 후 전화를 끊는다.
- 전화를 받을 때: 2~3번 벨이 울리기 전에 밝은 목소리로 응답한다. 받은 직후 소속과 이름을 말하고, 중요한 내용을 메모하며 대화한다. 종료 시에는 작별 인사를 한 뒤, 2~3초 여유를 두고 종료한다.

4.3 적절한 전화 표현 사용법

전화에서는 명령형보다 청유형이나 의문형 표현이 부드럽고 정중하다.

- × "기다려 주세요." → ○ "잠시만 기다려 주시겠습니까?"
- × "그건 안 됩니다." → ○ "해당 부분은 이렇게 안내드릴 수 있습니다."

또한 격식 있는 '다/까'체 사용이 예의를 갖춘 말투로 인식된다. 대화 내내 긍정적이고 존중하는 태도를 유지하는 것이 중요하다.

5 이메일 매너

현대 사회에서 이메일은 빠르고 효율적인 업무 소통 수단으로 널리 사용된다. 클릭 한 번으로 전 세계 어디든지 문서와 정보를 전달할 수 있고, 여러 사람에게 동시에 동일한 메시지를 보낼 수 있어 팀 프로젝트나 협업에 특히 유용하다.

비용 부담이 적고 기록으로 남기 쉬운 장점도 있지만, 이메일은 발송 후 회수가 어렵고 보안에 취약하다는 단점이 있다. 따라서 내용을 꼼꼼히 점검하고 수신 범위에 주의하는 등 신중한 사용이 필요하다.

5.1 업무 이메일 작성법

이메일 작성 시에는 수신 대상과 내용 구성을 정확히 파악해야 한다.

- 수신인(To)은 메일의 직접 대상이며,
- 참조인(CC)은 정보를 공유할 사람이지만 모든 수신자에게 표시된다.
- 숨은 참조인(BCC)은 다른 수신자에게 드러나지 않게 메일을 전달받는 사람이다.

이러한 기능을 상황에 맞게 활용하면 정보 전달의 효율성과 보안을 동시에 확보할 수 있다.

제목은 메일의 요지를 짧고 명확하게 담아야 한다.

- '○○ 회의 일정 안내'
- '신규 계약서 검토 요청'

이처럼 '요청', '보고', '안내' 등의 단어를 활용하면 검색과 분류에도 유리하다.

본문은 결론을 먼저 제시하는 두괄식 구조로 구성한다.

① 인사말과 자기소개,

② 메일 작성 목적 설명,

③ 요청사항 정리: 요청사항은 목록 형식으로 명확히 쓰며, 회신 기한도 함께 명시한다. 예: '3월 10일까지 검토 후 회신 부탁드립니다.'

④ 마무리 인사 순으로 쓰면 이해하기 쉽다. 감사의 표현과 긍정적인 마무리 인사를 넣는다.예: '협조에 감사드립니다', '좋은 하루 보내시기 바랍니다.'

글이 길어질 경우, 글머리 기호나 번호를 사용해 핵심 내용을 구분하는 것이 좋다. 날짜나 시간은 '내일', '곧' 등 모호한 표현보다 '3월 15일 오후 3시'처럼 구체적으로 작성한다. 메일 하나에 여러 주제를 담지 말고, 한 가지 주제만 다루는 것이 원칙이다. 내용이 많을 경우, 별도의 메일로 나누는 것이 바람직하다.

서명(Signature)에는 이름, 소속, 직책, 연락처, 이메일, 회사 주소 등을 포함하며, 자동 설정을 활용하면 편리하다.

보내기 전에는 수신자와 참조자 확인, 날짜와 숫자 정확성, 맞춤법, 첨부파일 누락 여부를 반드시 점검한다.

5.2 '배상', '드림', '올림'의 구분

메일의 끝맺음에는 자신을 낮추고 상대를 높이는 표현을 사용한다.

- '배상(拜上)': 한자어로 격식을 가장 갖춘 표현이며, 윗사람이나 공식적인 대상에게 사용한다.
- '올림': 순우리말로 '배상'과 비슷하되, 더 부드럽고 자연스럽게 사용된다.
- '드림': 공식성보다는 존중의 의미가 담긴 표현으로, 연령이나 지위에 상관없이 폭넓게 쓰인다. 상황에 맞는 표현을 선택하여 메일의 격을 높일 수 있다.

5.3 이메일 회신 매너

이메일에 대한 답장은 보통 24시간 이내에 보내는 것이 기본 예절이다. 답변이 지연될 경우, "메일 잘 받았습니다. 확인 후 답장드리겠습니다." 또는 "○일 이내 회신드릴 예정입니다."와 같이 미리 안내하는 것이 바람직하다.

회신 시에는 'Re' 기능을 활용해 제목을 유지하면 상대방이 어떤 메일에 대한 응답인지 쉽게 알 수 있다. 단, 새로운 주제를 다루는 경우에는 제목도 새로 작성해야 한다.

첨부파일이 있는 경우, 용량을 줄이고, 내용이 드러나는 파일명(예: '마케팅보고서_250701.pdf')을 사용하며 첨부가 누락되지 않았는지 반드시 확인한 후 발송한다.

6 보고하기

직장에서 보고는 업무 흐름을 공유하고 의사결정을 지원하는 핵심 절차이다. 상사의 지시에 따라 수행한 업무는 반드시 결과를 알리는 보고로 마무리되어야 하며, 보고 내용은 업무의 방향성과 품질을 좌우한다.

상사는 보고를 통해 업무의 진행 상황을 파악하고, 문제점을 인지하며, 다음 조치를 결정하게 된다. 따라서 보고는 단순한 보고 행위가 아닌, 상사와의 소통과 업무 연계의 중요한 연결고리라 할 수 있다. 보고는 다음과 같은 상황에서 필요하다.

업무 지시를 받은 일을 완료했을 때, 장기 프로젝트의 경우 중간 진행 상황을 알릴 때, 추진 방식에 변동이 생겼을 때, 새로운 정보나 관련 자료를 입수했을 때, 진행 중 새로운 의견이나 아이디어가 생겼을 때이다.

6.1 구두 보고와 문서 보고

보고는 상황에 따라 구두와 문서 형식으로 나뉜다.

구두 보고는 신속하게 전달할 때 적합하다. 예를 들어, 업무 실수 보고, 급한 일정 변경, 상시 진행 상황 공유 등은 구두로 보고하는 것이 일반적이다.

문서 보고는 자료를 정리하고 기록으로 남겨야 할 때 사용된다. 수치, 도표, 분석 결과 등 구체적인 자료가 포함되거나, 공식 회람 및 보존이 필요한 경우에 활용된다.

일부 조직에서는 보고 문서의 형식이 제도화되어 있어, 해당 기준에 따라 문서 양식을 사용하는 것이 필수다.

6.2 효과적인 보고 요령

보고는 신속하게, 정확하게, 간결하게 전달하는 것이 핵심이다. 다음과 같은 요령을 갖추면 효과적인 보고를 할 수 있다.

① 결과를 우선 전달한다.

상사는 보고자의 감정보다는 '무엇을 해냈는가'를 먼저 알고 싶어 한다. 따라서 결론부터 말하고, 이후에 그 과정을 설명하는 순서가 바람직하다.

② 객관적인 사실을 중심으로 서술한다.

보고 내용은 정확한 사실에 근거해야 하며, 주관적인 의견은 구분해서 표현해야 한다(예: "저의 생각으로는 ~" 식의 명확한 구분).

③ 지체 없이 보고한다.

일이 끝났다면 바로 보고해야 상사는 상황을 파악하고 후속 조치를 할 수 있다. 특히 문제가 발생했을 때는 최대한 빠르게 보고함으로써 피해를 최소화한다.

④ 중간 경과도 공유한다.

장기 업무의 경우, 순조롭더라도 진행 상황을 일정 간격으로 공유해야 한다. 상황이 바뀌거나 문제가 생기면, 바로 보고하는 것이 원칙이다.

⑤ 보고 순서를 지킨다.

보고는 결론, 경과, 이유, 의견(필요시) 순서를 따르는 것이 효과적이다.

학습내용 요약

1. 경청은 상대방의 말의 내용뿐 아니라 감정과 동기까지 이해하고 반응하는 태도를 의미한다.
2. 좋은 대화를 위해서는 긍정적인 표현, 존댓말 사용, 비속어 및 은어 지양, 명료한 전달이 필요하다.
3. 외국인과의 대화에서는 아이컨택 유지, 사적 거리 존중, 개인적인 질문 자제, 호칭의 정확한 사용 등이 중요한 매너로 작용한다. 대화 주제는 날씨, 교통, 스포츠, 여행 등 다수가 공감할 수 있는 범주가 적절하며, 정치나 종교 등 논쟁적인 주제는 피해야 한다.
4. 전화는 음성을 통한 소통 수단으로, 정확한 의사 전달과 에티켓이 중요하다. 전화를

거는 사람과 받는 사람 모두 상대방을 배려한 표현과 절차를 지켜야 한다.

5. 이메일은 업무를 공식적으로 전달하는 문서로서 제목, 본문, 첨부파일, 마무리 인사, 서명까지 세심하게 작성해야 하며, 업무 보고는 결과 중심의 명확하고 신속한 커뮤니케이션이 핵심임을 인식해야 한다.

생각 나누기

1. 한 학생은 "듣고 있어"라고 말하지만, 상대방은 "내 말을 무시하는 것 같아"라고 느낍니다. 당신은 경청이 '기술'이라고 생각하십니까, 아니면 '마음가짐'이라고 보십니까? 왜 그렇게 생각하나요?

2. 한국 친구가 외모에 대한 솔직한 평가를 하자, 외국 친구는 당황해하며 불쾌해합니다. 당신은 솔직한 표현과 상대를 배려하는 말하기 사이에서 어떻게 균형을 잡겠습니까?

3. 요즘 사람들은 전화를 받는 것조차 부담스러워합니다. "먼저 문자로 괜찮은지 물어봐야 예의"라는 말에 동의하십니까? 전화 매너는 시대에 따라 어떻게 달라져야 한다고 생각합니까?

CHAPTER

8

여행 매너

(공항, 비행기, 이동 중 에티켓)

제8장

여행 매너
(공항, 비행기, 이동 중 에티켓)

여행은 일상에서 벗어나 다양한 문화를 경험하고 새로운 사람들을 만날 수 있는 소중한 기회이다. 하지만 익숙하지 않은 환경에서는 사소한 행동 하나가 오해를 불러일으킬 수 있다. 특히 공항이나 비행기, 현지 교통수단을 이용하는 과정에서는 기본적인 에티켓을 갖추는 것이 안전하고 쾌적한 여행을 위한 필수 조건이다.

이 장에서는 출국을 위한 필수 서류 준비, 공항 이용 시 유의할 점, 기내 예절, 그리고 현지에서 대중교통을 이용할 때 필요한 태도에 대해 알아본다. 각국의 출입국 제도와 여행 허가 절차에 대한 정보도 함께 제공함으로써 문화적 차이를 이해하고 존중하는 여행자가 되도록 돕는 것이 본 장의 목표이다.

1 출국 준비: 여행 서류와 정보

1.1 여 권

여권은 해외에서 개인의 신원을 증명해주는 공식 문서로, 국적과 신분을 확인하는 역할을 한다. 또한 해당 국가의 보호를 받을 수 있는 권리를 나타내며, 출입국 시 가장 중요한 신분증으로 사용된다. 여권은 본인의 존재를 국제적으로 인정받기 위한 첫 번째 조건이며, 여행 전 반드시 유효기간을 확인해야 한다.

1.2 전자여권의 특징

전자여권은 기존 여권에 전자 칩이 추가된 형태로, 여권 소지자의 기본 정보가 칩에 저장되어 보안성이 강화된 문서이다. 여권 앞표지 하단의 '칩 모양 로고'는 전자여권임을 나타내며, 국제적으로 통용된다. 전자여권은 비자면제프로그램(예: 미국의 ESTA) 이용 시 필수 조건이다. 칩이 내장된 후면 표지는 충격에 약하므로 보호 커버를 과도하게 끼우거나 벗기는 행위는 피해야 한다.

2021년부터 발급된 차세대 여권은 파란색 표지로 변경되었으며, 내부 신원정보면은 내구성이 뛰어난 폴리카보네이트 재질로 제작되었다. 사진은 레이저 방식으로 각인되며 위변조를 막기 위한 보안 요소가 강화되었다. 온라인 신청 및 우편 배송 서비스도 함께 시행되어, 여권 발급 절차가 보다 간편해졌다.

종전 일반 전자여권

차세대 일반 전자여권

표지 앞표지 이면

1.3 여권 사진 규정

여권 사진은 3.5cm × 4.5cm 크기이며, 흰색 배경에 정면을 응시한 자연스러운 표정이어야 한다. 얼굴을 가리는 머리카락이나 액세서리는 금지되며, 짙은 색의 안경테도 허용되지 않는다. 실제 모습과 다른 과도한 보정은 불허되며, 본인을 정확히 식별할 수 있는 사진이 요구된다.

제출 가능한 사진파일 안내

- 여권 사진 규정에 적합한 사진 (여권사진 규격 안내 참고) 바로가기
- 파일 크기 500KB 이하, 파일 형식 JPG/JPEG
- 가로 413 픽셀(pixel), 세로 531 픽셀 사이즈 권장(가로 395~431 픽셀, 세로 507~550 픽셀 이내만 업로드 가능)
- 해상도는 300dpi 권장
- 6개월 이내에 촬영된 사진

1.4 여권 발급과 사용 시 유의사항

여권은 대한민국 국적자만 발급받을 수 있으며, 온라인 또는 관할 여권사무대행기관을 통해 신청 가능하다. 여권을 수령한 후에는 반드시 서명란에 서명해야 하며, 서명이 없는 여권은 출입국 과정에서 문제가 발생할 수 있다. 여권 분실 시에는 즉시 신고하고, 해외에서는 현지 경찰과 인근 대사관 또는 총영사관을 통해 임시 여행증명서를 발급받아야 한다.

1.5 비자와 사증면제제도

비자는 외국에 입국할 때 필요한 일종의 입국 허가증으로, 대부분 대사관에서 서류 제출과 수수료 납부 후 발급받는다. 반면, 사증면제제도는 협정에 따라 일정 기간 동안 비자 없이 입국할 수 있도록 허용하는 제도이다. 우리나라는 100여 개국과 비자면제 협정을 체결하고 있으며, 단기 관광이나 출장 목적에 한해 적용된다.

1) 미국 방문 시 ESTA 제도

미국 입국 시에는 전자여행허가제도(ESTA)를 이용할 수 있다. 이는 사전 온라인 신청을 통해 최대 90일까지 무비자 입국을 허용하는 제도이나, 입국 자체가 보장되는 것은 아니다. 현지 입국 심사관의 판단에 따라 입국이 제한될 수도 있으며, 체류 목적이나 기간 위반 시 재입국이 금지될 수 있으므로 주의가 필요하다.

2) VWP 제도

비자면제프로그램(VWP)은 미국 정부가 일정 국가의 국민에 한해 비자 없이 90일 이내 관광·상용 목적 입국을 허용하는 제도다. 우리나라는 2008년부터 VWP 가입국으로 등록되었으며, 이 제도를 통해 미국 입국이 가능하다. 다만, 가입국 지위는 정기적으로 평가되며, 불법 체류율과 여권 보안 수준이 주요 평가 항목이 된다.

3) 솅겐협약

솅겐협약은 유럽 27개국이 국경 검문 없이 자유로운 이동을 보장하는 협정이다. 회원국 간 이동 시 별도 비자가 필요 없으며, 여권 유효기간이 출국일 기준으로 3개월 이상 남아 있어야 한다. 다만 국가별로 요구하는 서류가 다를 수 있어 사전 확인이 필요하다.

4) 워킹홀리데이 제도

워킹홀리데이는 대한민국 청년이 협정국에서 일정 기간 체류하며 여행, 어학연수, 단기 근로 등을 경험할 수 있는 제도이다. 대상 국가는 호주, 캐나다, 독일, 프랑스, 일본 등으로, 대부분 12개월의 체류가 가능하다. 일부 국가는 일정 조건을 충족할 경우 체류 연장이 가능하며, 신청 조건은 국가마다 다르므로 외교부 워킹홀리데이 센터를 통해 정보를 확인해야 한다.

2 안전하고 편안한 여행을 위한 사전 준비

해외여행은 낯선 환경에서의 활동이기 때문에 예기치 못한 상황에 대비하는 준비가 중요하다. 특히 건강, 금전, 숙박, 이동수단 등 실생활에 밀접한 요소들은 출국 전 꼼꼼히 확인해야 하며, 이에 대한 대비가 되어 있을 때 진정한 의미의 자유롭고 여유 있는 여행이 가능해진다.

2.1 여행자 보험

여행 중에는 사고, 질병, 도난 등 다양한 변수가 발생할 수 있다. 이러한 상황에 대비하여 출국 전 여행자 보험에 가입하는 것은 매우 현명한 선택이다. 병원 진료나 치료, 수하물 분실, 타인에 대한 손해 배상 등 다양한 상황에서 일정 수준의 보상을 받을 수 있다.

보험은 출국 전 인터넷이나 보험사 창구를 통해 가입할 수 있으며, 일부 공항에서도 현장 가입이 가능하다. 사고가 발생한 경우, 진료비 영수증, 도난 신고서, 증명서류를 꼼꼼히 챙겨두고 귀국 후 보험사에 제출해야 원활한 청구가 가능하다. 보험료는 보장 범위, 체류 기간, 여행지의 위험도에 따라 달라지므로, 여행 목적에 맞는 상품을 신중히 선택하는 것이 중요하다.

2.2 현금 준비와 환전

해외 여행 시에는 현지 통화가 반드시 필요하므로 출국 전에 일정 금액을 미리 환전해두는 것이 필수적이다. 대부분의 시중 은행이나 공항 내 환전소에서 환전이 가능하며, 특히 우대 환율을 제공하는 환전소나 온라인 환전 서비스를 이용하면 환전 수수료를 절감할 수 있다.

신용카드를 사용하는 경우 편리하긴 하지만, 환율 변동에 따라 실제 청구 금액이 달라질 수 있고, 국제 결제 수수료가 추가로 발생할 수 있으므로 사용 전에 이를 반드시 확인해야 한다. 일부 국가는 신용카드 사용에 익숙하지 않거나, 소액 결제에 현금만을 받는 경우도 있어 소액 현금 준비는 필수적이다.

또한 한때 널리 사용되었던 여행자수표(Traveler's Check)는 현금 대신 사용할 수 있는 안전한 결제 수단으로, 도난이나 분실 시 재발급이 가능하다는 장점이 있다. 그러나 최근에는 사용 가능한 매장이 줄어들고, 일부 국가에서는 거의 사용되지 않기 때문에, 사전에 사용 가능 여부를 반드시 확인하는 것이 바람직하다.

최근에는 인터넷은행(예: 토스, 카카오뱅크 등)이나 핀테크 기반 외환 서비스(예: 와이어바알리, 리볼루트 등)를 이용해 환전 수수료 없이 다양한 통화를 환전하고, 발급된 체크카드 형태의 카드로 현지에서 직접 결제하거나 ATM 인출이 가능한 서비스도 등장하고 있다. 이러한 방법은 안전성, 편리함, 수수료 절약 면에서 유리하므로 젊은 여행자들 사이에서 점점 더 선호되고 있다.

2.3 항공권 예약

항공권은 항공사 공식 웹사이트, 여행사, 또는 전문 예약 사이트를 통해 예약할 수 있으며, 예약 시 출발 날짜, 시간, 경유 여부, 도착지, 탑승 인원, 좌석 등급을 정확히 확인해야 한다.

항공편의 시간은 항상 현지 시각 기준으로 표시되므로, 시차를 감안하여 일정을 조율해야 한다. 예약 후에는 출발 3~4일 전 예약 사항을 다시 확인하고, 변경이나 취소가 필요한 경우 수수료 부과 조건도 확인해두는 것이 좋다.

또한 수하물 규정은 항공사마다 다르며, 무료 허용 무게와 규격을 초과할 경우 추가 요금이 발생할 수 있다. 액체류(100ml 초과), 날카로운 물건 등 기내 반입 금지 품목은 사전에 확인하고 위탁 수하물로 처리해야 한다.

2.4 호텔 예약

숙소는 여행의 질을 결정짓는 중요한 요소다. 호텔 예약 시에는 위치, 교통편, 안전성, 주변 환경 등을 고려하여 선택하며, 취소나 변경이 가능한 조건인지 반드시 확인한다.

예약 시 체크인 날짜, 영문 이름, 숙박 인원 등을 정확히 입력해야 하며, 사전 결제를 한 경우에는 예약 확인서와 영수증이 이메일로 발송된다. 이 확인서는 체크인 시 필수 제출 자료이므로 출력하거나 모바일에 저장해 두는 것이 바람직하다.

숙소의 등급이나 편의시설 여부도 여행의 목적에 따라 선택 기준이 달라질 수 있으며, 후기나 평가를 참고해 합리적인 결정을 내리는 것이 좋다.

다음 단락에서는 공항에서의 절차, 기내에서 지켜야 할 예절, 그리고 현지 교통수단을 이용할 때 필요한 매너에 대해 구체적으로 알아본다. 단순히 편의를 위한 행동이 아닌, 타인을 배려하는 태도는 여행자의 품격을 나타내는 중요한 요소이다.

3 출국 절차와 공항 이용 에티켓

공항은 다양한 국적의 사람들이 모이는 다문화 공간이며, 국제적인 공공시설로서 일정한 질서와 예절이 요구된다. 많은 인원이 동시에 이동하고 절차가 복잡하게 진행되기 때문에, 공항에서는 기본적인 규칙과 예의를 지키는 태도가 무엇보다 중요하다. 원활한 수속과 안전한 여행을 위해서는 출국 전 준비와 공항 이용 시 에티켓을 정확히 이해하고 실천하는 자세가 필요하다.

3.1 출국 전 공항 도착 시각

국제선은 보안 검색과 출입국 심사, 탑승 수속까지 여러 절차가 필요하므로 출발 시각 기준 최소 2시간 전에는 공항에 도착하는 것이 바람직하다. 국내선의 경우에는 비교적 절차가 간단하므로 출발 40분 전까지 도착하면 된다. 관광객이 몰리는 성수기나 주말, 연휴 기간에는 대기 시간이 길어질 수 있으므로, 충분한 시간을 두고 움직이는 것이 중요하다.

3.2 탑승 수속과 수하물 처리

공항에 도착하면 가장 먼저 항공사 카운터에서 탑승권 발급과 좌석 지정을 받고, 위탁 수하물을 맡긴다. 수하물은 기내에 들고 들어가는 휴대수하물과 항공기 아래 화물칸에 실리는 위탁수하물로 나뉘며, 항공사마다 크기와 무게 제한이 다르므로 사전에 확인하는 것이 좋다.

3.3 보안 검색

탑승 수속 후에는 승객과 휴대물품에 대한 보안 검색이 진행된다. 이는 항공기와 승객의 안전을 위한 필수 절차이며, 금속 탐지기 통과와 수하물 엑스레이 검사를 포함한다.

기내에는 무기류, 칼, 가위, 송곳 등 날카로운 물건이나 위험물질은 반입이 금지되므로, 반드시 위탁수하물에 넣거나 사전에 처분해야 한다.

3.4 세관 검사

세관은 국가의 경제 질서를 보호하기 위해 운영되며, 출국 시 고가의 전자기기나 귀중품을 가지고 나갈 경우에는 반출 신고를 해야 한다. 신고하지 않을 경우, 귀국 시 해당 물품이 해외에서 구매된 것으로 간주되어 관세가 부과될 수 있다.

입국 시에도 금지 품목, 과세 대상 물품에 대한 세관 점검이 이루어지므로, 해당 기준을 숙지하는 것이 필요하다.

3.5 출입국 심사

출입국 심사는 국가의 치안과 질서 유지를 위한 절차로, 탑승 수속 이후 진행된다. 줄을 서서 대기할 때는 노란 대기선(줄 표시)를 넘지 않으며, 앞사람의 심사가 끝난 후 차례에 따라 이동한다.

심사관은 여권, 항공권, 비자, 출입국 신고서 등의 서류를 확인하며, 입국 목적이나 체류 기간, 방문 지역 등에 대해 질문할 수 있다. 이때는 정확하고 정중한 태도로 응답하는 것이 중요하다.

3.6 검역 절차

검역은 자국민과 생태계를 보호하기 위한 절차로, 건강 상태나 반입 물품의 위해 여부를 확인한다. 여행 전 예방접종이 필요한 국가로 갈 경우, 출국 최소 2주 전에는 접종을 마쳐야 하며, 입국 시 검역 증명서를 요구받을 수 있다.

해외에서 축산물, 과일, 박제 동물 등 자연물 반입 시에는 검역 대상에 해당될 수 있으므로, 사전에 확인하여 신고 절차를 따르는 것이 좋다.

3.7 탑승 대기

모든 절차가 완료되면 탑승 게이트 근처에서 항공기 탑승 시간을 기다리게 된다. 탑승권에 기재된 게이트 번호를 잘 확인하고, 안내 방송이나 화면에 표시되는 탑승 시작 시간을 놓치지 않도록 한다.

공항은 여행의 시작점이자 국제적인 만남의 장이다. 타인을 배려하고 질서를 지키는 행동은 단지 규칙 준수에 그치지 않고, 그 사람의 품격과 국가 이미지를 함께 보여준다. 따라서 출국 과정에서는 정해진 절차를 이해하고, 공공장소에서 지켜야 할 예절을 잊지 않는 것이 중요하다.

〈출국절차도〉

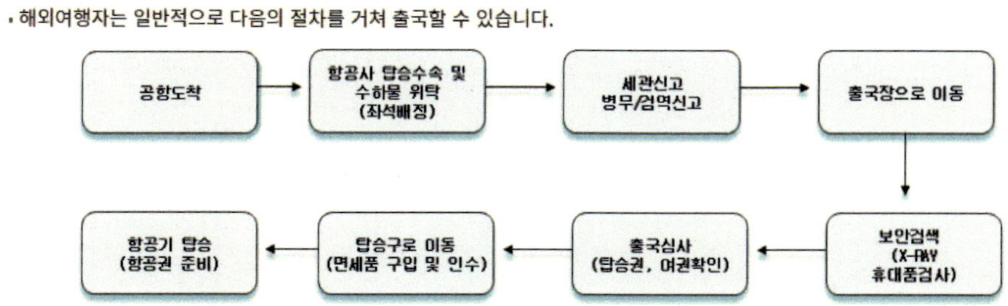

4 기내 환경의 이해와 이용 매너

4.1 기내환경과 건강

항공기 안의 환경은 지상과는 다르게 설계되어 있어, 장시간 탑승 시 불편함이나 건강상의 어려움이 생길 수 있다. 기내 온도는 일반적으로 23~25도

정도로 유지되지만, 습도는 10~20% 정도로 매우 낮아 피부와 점막이 쉽게 건조해진다. 이로 인해 눈의 건조함, 목의 간지러움, 피부 트러블 등이 발생할 수 있으며, 수분 섭취가 필수적이다.

따라서 기내에서는 물이나 주스를 자주 마셔 수분을 보충하고, 커피, 홍차, 알코올 등 이뇨작용이 있는 음료는 피하는 것이 바람직하다. 콘택트렌즈를 착용하는 사람은 가능하면 안경으로 대체하거나 렌즈 보관 용품을 지참하는 것이 좋다.

기내에서의 식사도 주의가 필요하다. 과식을 피하고, 탄산음료나 가스를 많이 발생시키는 음식(양파, 콩, 무 등)은 자제해야 복부 팽만이나 불쾌감을 줄일 수 있다. 멀미가 걱정되는 경우, 비행 전날 충분한 휴식을 취하고 술은 피하는 것이 좋으며, 멀미약은 사용법에 따라 탑승 30분 전 복용한다.

시차증후군(Jet Lag)은 시차가 6시간 이상 나는 지역을 여행할 때 흔히 발생하며, 피로감, 소화불량, 수면장애 등의 증상을 유발한다. 이를 예방하려면 동쪽으로 이동할 경우에는 비행 전 일찍 자고, 서쪽으로 갈 경우 늦게 자는 등 생체 시계를 미리 조절하는 것이 도움이 된다.

장거리 비행에서 주의할 또 다른 건강 문제는 이코노미 클래스 증후군이다. 좁은 좌석에서 오랜 시간 움직이지 않으면 다리의 혈액순환이 느려져 혈전이 생길 위험이 있다. 이를 예방하려면 일정 시간마다 기내 통로를 걸어주거나 다리 스트레칭을 하고, 슬리퍼나 탄력 스타킹 등을 활용하여 발의 피로를 줄이는 것이 좋다. 특히 고령자, 임산부, 수술 후 회복 중인 승객은 각별한 주의가 필요하다.

4.2 기내 에티켓

기내는 한정된 공간에서 여러 사람이 함께 머무는 장소이므로, 서로의 안전과 편안함을 지키기 위한 기본적인 에티켓이 중요하다. 모든 승객은 기내 규정을 숙지하고, 항공사 직원의 안내에 협조해야 한다.

1) 안전벨트

가장 기본적인 안전 수칙은 좌석벨트 착용이다. 이착륙 시뿐 아니라, 기류 요동(turbulence) 시에는 좌석에 앉아 벨트를 착용해야 하며, 좌석 주변의 휴대 수하물은 안전하게 보관해야 한다. 승무원은 이러한 상황에서 승객을 보호하고 안내하기 위해 존재하므로, 지시에 적극적으로 따라야 한다.

2) 좌 석

좌석 선택도 승객의 편안함에 영향을 미친다. 화장실 이용이 잦은 경우 통로 쪽 좌석, 외부 경치를 보고 싶다면 창가 좌석을 선택한다. 다리를 편하게 뻗고 싶을 경우 비상구 좌석을 선택할 수 있지만, 사전 예약이 필요하고, 응급 시 승무원을 도울 수 있는 승객만 배정받을 수 있다. 경우에 따라 뒤쪽 좌석이 배정되기도 하는데, 이는 항공기의 무게 중심을 조정하기 위한 조치로 이해해야 한다.

비행 중에는 좌석 등받이 사용에 예의가 필요하다. 특히 식사 시간이나 음료 제공 시 등받이를 갑자기 뒤로 젖히면 뒷사람에게 불편을 줄 수 있으므로 주의해야 한다.

3) 금 연

기내는 전 구간 금연 구역이며, 화장실 내 흡연은 화재 위험이 있으므로 엄격히 금지된다.

복장은 장시간 비행에 적합한 편안하고 움직이기 쉬운 옷차림이 좋다. 항공사에서 제공하는 슬리퍼나 덧신을 활용해도 되지만, 맨발로 다니는 행위는 비위생적이며 다른 승객에게 불쾌감을 줄 수 있으므로 삼가야 한다.

4) 화장실

화장실 사용 시에는 반드시 잠금장치를 확인하고, 사용 중에는 '사용 중(Occupied)' 표시가 점등된다. 노크는 삼가고, 문 앞에서 대기하거나 줄을 서는 것도 피하는 것이 예의이다. 사용 후에는 다음 사람을 위해 청결을 유지하며,

모든 승객이 함께 사용하는 공간임을 인식해야 한다.

5) 기 타

전자기기의 사용은 항공사의 규정에 따라 제한된다. 이착륙 시에는 모든 전자기기의 전원을 꺼야 하며, 비행 중에는 기내 모드 또는 사용 가능 여부를 확인한 후 사용한다. 승무원을 부를 때는 좌석 위의 호출 버튼을 이용하고, '아가씨', '저기요' 등의 표현보다는 '승무원님'이라고 정중하게 부르는 것이 바람직하다.

기내 물품 중 일부는 면세품 또는 항공사의 자산이므로, 무단 반출은 금지된다. 도착 후 하차 시에는 앞좌석 승객부터 순서대로 내리며, 기내가 정지하기 전 먼저 일어나 짐을 꺼내는 행동은 안전을 해치는 행위이므로 삼가야 한다.

5 입국 절차와 공항 에티켓

해외여행의 마지막 관문은 목적지 국가에 도착하여 입국 절차를 마무리하는 과정이다. 국가마다 세부적인 방식에는 차이가 있지만, 일반적으로 입국신고→수하물 수령→세관 및 검역 통과의 순서로 진행된다. 각 절차는 해당 국가의 보건, 치안, 경제적 안전을 지키기 위한 목적이 있으며, 여행자는 이에 따라야 한다.

5.1 항공기 내 작성서류

입국 전에 항공기 안에서 입국카드와 세관신고서가 배포된다. 이는 입국심사와 세관 검사를 위한 기본 자료로 사용되므로, 정확하고 성실하게 기입해야 한다. 설문 항목 중 이해가 어려운 표현이 있을 경우에는 번역기나 전자사전을 활용해 확인하며, 답변은 반드시 영문으로 작성해야 한다.

감염병 오염지역(예: 황열, 콜레라, 페스트 등)에서 입국하는 경우에는 건강상태질문서(검역카드)도 작성해야 한다. 최근 3주 이내의 증상, 병원 방문 여부, 복용한 약물 등을 사실대로 기입하는 것이 원칙이다.

5.2 입국 심사

도착 후 첫 번째로 진행되는 절차는 입국심사(Immigration)이다. 공항에서는 내국인과 외국인의 입국 라인이 구분되어 있으며, 국적에 따라 해당 라인에서 심사를 받는다.

입국 심사관은 여권, 항공권, 비자, 입국카드 등을 확인하고, 여행 목적과 체류 기간 등에 대해 간단한 질문을 한다. 이때는 정확하고 정중한 태도로 응답해야 하며, 말투나 표정이 불성실해 보일 경우 추가 질문이나 입국 보류로 이어질 수 있다.

입국 목적이 불분명하거나 체류 의도에 문제가 있다고 판단되면 심층 인터뷰가 진행되며, 최종적으로 입국이 거부될 수도 있다. 입국이 거절된 경우, 이유는 구두 및 서면으로 통보되며, 귀국 항공편이 당일 없을 경우에는 임시 보호소에서 대기하게 된다.

5.3 수하물 수령

입국 심사를 마친 후에는 수하물 수령 구역으로 이동한다. 항공편명에 따라 지정된 컨베이어 벨트에서 위탁수하물(체크인한 짐)을 찾게 되며, 이때 짐 수령구 앞에 짐 카트를 세워 통로를 막지 않도록 주의한다. 많은 여행객이 한 공간에 모이는 만큼 질서를 지키고 주변을 배려하는 태도가 중요하다.

5.4 검역 및 세관 통과

수하물을 찾은 후에는 검역 및 세관 검사 절차가 남아 있다. 대부분의 국가에서는 생과일, 씨앗, 육류, 유가공품, 동물, 식물 등의 반입을 금지하고 있으므로, 해당 물품이 있다면 반드시 신고해야 한다. 신고하지 않을 경우 벌금이나 물품 압수 등의 불이익이 발생할 수 있다.

세관 검사에서는 면세 한도를 초과한 물품이나 고액 현금에 대한 신고가 이루어진다. 여행자는 자진 신고를 통해 세금 납부 절차를 거칠 수 있으며, 이를 마치고 입국장을 통과하면 입국 절차가 최종적으로 완료된다.

예를 들어, 대한민국의 경우 2022년 8월 기준 면세 범위는 미화 800달러, 주류는 2병(2L 이하), 담배는 1보루까지 허용된다. 이 기준을 초과하는 경우, 세금 부과 대상이 되므로 주의가 필요하다.

5.5 공항 내 에티켓

입국을 마친 후에는 공항 내 질서와 예절을 지키는 태도가 중요하다. 공항은 다양한 국적, 연령, 목적을 가진 사람들이 함께 이용하는 공간이기 때문에, 안내 방송과 표지판에 주의를 기울이고, 시설을 사용한 후 정리하는 습관을 갖는 것이 바람직하다.

특히 공항 내에서는 짐을 두고 자리를 맡거나, 다른 승객의 이동을 방해하는 행동은 삼가야 하며, 필요한 도움은 공항 직원에게 정중히 요청하는 것이 좋다. 여행자는 한 사람의 외국인일 뿐 아니라 그 나라를 대표하는 시민으로서의 품격도 함께 보여주는 존재임을 잊지 않아야 한다.

6 교통수단별 이용 매너

해외여행 중에는 항공기 외에도 기차, 버스, 지하철 등 다양한 교통수단을 이용하게 된다. 이러한 대중교통은 타인과 함께 공간을 공유하는 공공장소이기 때문에, 기본적인 예절을 지키는 것이 불필요한 마찰을 줄이고, 원활한 이동을 돕는 중요한 요소가 된다. 특히 낯선 환경에서의 작은 실수도 오해로 이어질 수 있으므로, 교통수단별 매너를 미리 숙지하는 것이 바람직하다.

6.1 좌석에 대한 배려

기차와 항공기 모두 지정좌석제로 운영되며, 좌석마다 나름의 예우 개념이 존재한다.

기차의 경우, 일반적으로 진행 방향의 창가 좌석이 가장 상석으로 여겨지며, 그다음은 역방향 창가석, 진행 방향 통로석, 역방향 통로석 순으로 선호도가 나뉜다.

항공기에서는 창가 좌석이 상석, 통로석은 중간, 가운데 좌석은 말석으로 여겨지는 경향이 있다. 다만, 이와 같은 좌석 선호도는 사람마다 차이가 있을 수 있으므로, 동료나 상사와 함께 여행할 경우 먼저 선호 좌석을 확인한 후 예매하는 것이 좋다. 이미 지정된 좌석은 반드시 본인의 탑승권에 기재된 자리만 사용해야 하며, 임의로 자리를 바꾸는 행동은 다른 승객의 불편을 초래할 수 있다.

6.2 대중교통 이용 시 기본 매너

기차, 버스, 지하철 등에서 지켜야 할 공통된 에티켓은 다음과 같다.

닫히는 문에 뛰어들지 않는다. 안전사고의 위험이 크며, 타인에게 불쾌감을 줄 수 있다.

젖은 우산이나 짐은 조심스럽게 다룬다. 물방울이 다른 사람에게 튀지 않도록 주의한다.

다리를 과도하게 벌리거나 짐을 넓게 놓지 않는다. 좌석 점유는 최소화하며, 캐리어나 큰 짐은 통행을 방해하지 않도록 배치한다.

출입구나 통로에 서서 타인의 이동을 방해하지 않는다. 이동 동선은 가능한 한 확보해 주는 것이 예의다. 벨소리는 진동으로 설정하고, 전화 통화는 자제한다. 조용한 대화를 유지하며, 필요 시 통화를 짧게 끝낸다. 금연은 기본이다. 모든 대중교통은 전면 금연 구역이다. 쓰레기는 직접 수거하여 지정된 휴지통에 버린다. 깨끗한 환경을 위한 기본적인 책임이다. 발을 올리거나 신발을 벗고 다니는 행위는 삼간다. 위생 문제뿐 아니라 타인에게 불쾌감을 줄 수 있다.

다른 승객과 접촉이 있었을 경우, 정중하게 사과한다. 작은 실수도 예의있게 대응하는 태도가 중요하다. 신문이나 책은 접어서 본다. 어깨 너비 안에서 읽는 것이 기본 매너다.

혼잡한 곳에서 여성 승객 뒤에 너무 가까이 서지 않는다. 개인 공간을 존중하며, 적절한 간격을 유지한다.

공공 화장실 사용 후에는 다음 사람을 위해 정리한다. 물내림과 휴지 처리 등은 기본 예절이다. 지하철의 노약자석은 비워두며, 일반석에서는 노약자나 임산부, 어린이 동반자에게 자리를 양보한다. 자리를 양보받았을 경우에는 감사의 인사나 가벼운 목례를 전한다. 혼잡한 상황에서는 서로의 작은 실수에 너그러움을 가지는 태도도 성숙한 여행자의 자세이다.

타국의 대중교통을 이용하는 것은 단순한 이동 수단의 의미를 넘어서, 그 사회의 문화와 질서를 직접 체험하는 과정이다. 교통수단 내에서의 에티켓을 잘 지킨다면, 자신은 물론 함께하는 타인에게도 보다 쾌적하고 즐거운 여행 경험을 선사할 수 있다. 진정한 여행자는 문화적 차이를 이해하고, 작은 행동 속에서도 타인을 배려하는 사람이다.

학습내용 요약

1. 여권은 본인의 신분을 증명하는 유일한 국제 신분증이며, 비자는 해당 국가의 입국 허가증으로 국가별 필요 여부를 사전에 확인해야 한다.
2. 예기치 못한 사고나 질병을 대비해 여행자보험에 가입하는 것이 좋으며, 항공권과 호텔은 예약 시 수수료, 환불 규정, 시차 등을 꼼꼼히 확인해야 한다.
3. 공항에서는 출국 절차에 따라 수하물 위탁, 보안검색, 세관 신고, 출입국 심사, 검역을 거쳐 탑승하며, 공공장소인 만큼 질서와 에티켓을 지켜야 한다.
4. 기내에서는 안전벨트 착용, 지정좌석 이용, 금연 등 안전 수칙을 준수하고, 주변 승객을 배려하는 태도가 필요하다.
5. 도착한 나라에서는 입국신고, 수하물 수령, 세관검사, 검역절차를 마친 후 공항을 빠져나간다. 이때 입국서류를 정확히 작성하고, 질의응답에는 성실하게 응한다.
6. 기타 교통수단을 이용할 때도 타인을 배려하며, 기본적인 매너를 실천함으로써 쾌적하고 예의 있는 여행을 완성할 수 있다.

생각 나누기

1. 당신은 창가 자리를 예약했지만, 옆 승객이 자신의 아이와 함께 앉고 싶다며 자리를 바꾸자고 요청합니다. 당신도 창가에 앉고 싶었는데, 어떻게 하시겠습니까? 자리 교환은 여행자의 배려일까요, 개인의 선택일까요?

2. 장거리 비행 중 아기가 계속 울자 뒷좌석 승객이 소리를 지르며 항의합니다. 당신이 승무원이라면(혹은 일반 승객이라면) 이 상황을 어떻게 중재하시겠습니까? 여행 중 불편을 감수해야 하는 '공공의식'은 어디까지 요구될 수 있을까요?

3. 친구가 면세 한도를 넘겨 물건을 많이 샀다며, 일부 물건을 당신의 가방에 넣어 달라고 부탁합니다. "검사도 거의 안 해. 잠깐만 부탁할게"라고 말합니다. 당신은 이 부탁을 들어주겠습니까? 왜 그렇게 결정하였나요? 법적 책임과 친구 관계, 여행자의 매너 중 어떤 가치를 우선해야 한다고 생각합니까?

CHAPTER

9

글로벌 여행자의 호텔 · 팁 · 관광 가이드

제9장

글로벌 여행자의 호텔·팁·관광 가이드

여행지에서의 숙소는 단순히 잠을 자는 공간을 넘어, 여행의 만족도를 크게 좌우하는 요소 중 하나다. 특히 호텔은 세계 어디에서나 널리 이용되는 숙박 형태이며, 이용 시 따라야 할 절차와 예절을 알고 있으면 보다 편안하고 품격 있는 여행이 가능하다.

또한 일부 국가에서는 서비스에 대한 감사의 표현으로 팁을 주는 문화가 일상화되어 있다. 이 장에서는 호텔 이용 시 지켜야 할 매너, 객실 유형의 차이, 팁 문화의 개념과 국가별 차이, 그리고 관광지에서 지켜야 할 기본적인 태도에 대해 살펴본다.

1 호텔 객실 이용 매너

호텔은 대부분 사전 예약제를 기반으로 운영된다. 여행 전에 객실을 예약하면 숙소를 안정적으로 확보할 수 있을 뿐 아니라, 현장 예약보다 비용 면에서도 유리한 조건을 받을 수 있는 경우가 많다.

예약 후에는 출발 2~3일 전 예약 내역을 다시 한 번 확인하는 것이 좋으며, 불가피하게 취소할 경우 호텔의 취소 정책에 따라 수수료가 발생할 수 있으므로, 예약 시점에서 관련 규정을 반드시 확인해야 한다.

호텔 체크인은 보통 오후 2시 이후부터 가능하지만, 호텔마다 정책이 다르기 때문에 도착 예정 시간에 맞추어 체크인 가능 여부를 사전에 확인해야 한다. 만약 예정된 시간보다 늦게 도착할 경우, 호텔에 미리 연락하여 예약이 취소되지 않도록 조치하는 것이 필요하다.

체크인 시에는 등록카드 작성과 신분 확인이 이루어지며, 일반적으로 본인 명의의 신용카드 제시를 요구받는다. 이는 객실 요금 정산 및 기타 서비스 이용에 대한 보증을 위한 절차이다.

등록카드에는 이름, 국적, 여권번호, 연락처, 주소 등을 기입해야 하며, 주소는 체크아웃 후 우편물 배송이나 분실물 처리 등 사후 안내를 위한 수단이 될 수 있으므로 정확히 작성하는 것이 좋다.

객실 배정 후 벨맨이 짐을 객실까지 옮겨줄 경우, 이에 대한 감사의 표시로 작은 금액의 팁을 건네는 것이 세계 공통의 예절로 여겨진다.

2 객실 유형의 이해

호텔은 다양한 고객의 요구에 맞추기 위해 여러 형태의 객실을 운영한다. 객실은 공간 크기, 구성, 시설 수준에 따라 분류되며, 이용 목적과 인원수, 예산 등을 고려하여 선택할 수 있다.

- 스탠다드 룸: 가장 기본적인 객실 유형으로, 1~2인이 머물기에 적합한 크기와 구조를 갖추고 있다. 가장 합리적인 요금대로 이용 가능하다.
- 수페리어 룸: 스탠다드보다 약간 높은 등급으로, 약간 더 넓은 공간과 소파, 옷장 등의 기본 편의시설이 보강되어 있다.
- 디럭스 룸: 좀 더 넓은 공간과 고급스러운 인테리어를 제공하며, 욕조나 고급 침구류가 구비된 경우도 많다.
- 이그제큐티브 룸: 주로 고층에 위치해 조용하고 전망이 좋은 객실로, 전용 라운지, 조식 제공, 회의실 이용 등의 혜택이 포함될 수 있다.
- 스위트 룸: 거실과 침실이 분리된 구조로, 넓고 고급스러운 공간을 제공한다. '로열 스위트', '프레지던셜 스위트' 등 특별한 명칭을 가진 객실은 고위 인사나 VIP 고객을 위한 최상급 공간이다.

객실은 또한 침대의 형태에 따라 다음과 같이 나뉜다.

- 싱글 룸: 1인용 침대 1개가 있는 객실로, 혼자 여행하는 고객에게 적합
- 더블 룸: 2인용 침대 1개가 있는 객실로, 커플 이용 편리
- 트윈 룸: 싱글 침대 2개가 있는 객실로, 친구나 동료 사이가 적합
- 트리플 룸: 3인을 위한 객실로, 싱글 침대가 3개인 룸

호텔 이용 시 객실의 유형뿐 아니라 이용 목적, 동행자 수, 활동 계획 등을 종합적으로 고려하여 객실을 선택하는 것이 현명하다. 또한 예약 시에는 흡연/비흡연 여부, 전망, 조식 포함 여부 등을 함께 확인해두는 것이 좋다.

3 호텔 객실 부서의 이해

호텔은 고객의 쾌적한 숙박을 위해 다양한 부서가 유기적으로 협력하는 복합 조직이다. 특히 객실 이용과 직결되는 부서들은 고객이 호텔에 들어서는 순간부터 퇴실할 때까지 직접적인 서비스를 제공하며, 호텔의 이미지와 인상을 좌우하는 중요한 역할을 수행한다.

1) 프론트 데스크(Front Desk)

프론트는 호텔의 얼굴이라 할 수 있는 공간으로, 고객의 체크인과 체크아웃, 객실 배정, 요금 정산, 안내 업무 등을 수행한다. 고객이 호텔에 처음 도착했을 때 가장 먼저 접하게 되는 부서이자, 마지막 인상을 남기는 곳으로서, 호텔에 대한 첫인상과 전반적인 만족도에 큰 영향을 미친다.

2) 도어 데스크(Door Desk)

도어 데스크는 고객이 호텔에 들어서기 전 가장 먼저 마주치는 직원들이 있는 곳이다. 고객에게 인사를 건네고, 차량 정리, 주차 대행, 택시 호출 등의 서비스를 제공한다. 또한 벨 데스크 및 프론트와 협업하여 수하물 운반과 안내를 지원한다.

3) 벨 데스크(Bell Desk)

벨 데스크는 로비에서 고객의 짐을 맡고 객실로 운반하는 역할을 맡는다. 체크인 후 고객을 객실까지 안내하며, 호텔 내 시설 설명이나 요청사항 전달 등도 함께 담당한다. 벨 어텐던트의 친절한 응대는 호텔 서비스의 인상을 결정짓는 중요한 요소가 된다.

4) 당직 데스크(Duty Desk)

당직 데스크는 고객이 머무는 동안 분실물 처리, 민원 접수, 불만 대응 등 문제가 발생했을 때 이를 해결하는 업무를 담당한다. 고객의 불편을 최소화하고, 만족도를 높이는 데 필수적인 기능을 수행한다.

5) 컨시어지(Concierge)/고객서비스 담당(G.R.O)

컨시어지는 고객의 여행, 비즈니스, 문화 활동 등 전반을 지원하는 전문 직원이다. 관광지 정보 안내, 식당 예약, 티켓 예매, 교통편 안내 등 맞춤형 서비스를 제공하며, 고급 호텔일수록 컨시어지 서비스가 세분화되어 있다. '호텔 내 비서' 역할을 하는 이들은 고객 만족도를 높이는 핵심 인력이다.

6) 비즈니스 센터(Business Center)

출장 고객을 위한 공간으로, 문서 출력, 복사, 팩스, 통역, 회의실 대여, 항공권 예약 등 사무 편의 서비스를 제공한다. '호텔 속 오피스' 개념으로 운영되며, 고객의 효율적인 업무 수행을 돕는다.

각 부서는 고객의 편안함과 만족을 위해 유기적으로 연계되어 있으며, 이들의 전문적이고 정중한 서비스는 호텔의 품격을 결정짓는 중요한 요소가 된다.

4 호텔의 고객 서비스 부서

호텔은 고객의 다양한 요청과 상황에 즉시 대응하기 위해 여러 고객지원 부서를 운영하고 있다. 대부분의 호텔 객실에는 내선 전화기를 통해 해당 부서와 직접 연결할 수 있는 기능이 탑재되어 있어, 손쉽게 필요한 서비스를 요청할 수 있다.

1) 오퍼레이터(Operator)

객실 전화기의 '0번' 또는 전용 버튼을 누르면 연결되는 호텔 교환 담당 부서로, 고객의 전화 연결 요청, 모닝콜 등록, 서비스 연결 등을 돕는다.

2) 프런트(Front Desk)

호텔의 대표 서비스 부서로, 체크인·체크아웃, 예약 확인, 문의 응대 등 종합적인 안내 업무를 수행한다. 전반적인 호텔 이용을 총괄 지원하는 중심 부서이다.

3) 룸서비스(Room Service)

객실 내에서 식음료를 주문할 수 있는 서비스로, 전화나 호텔 전용 앱을 통해 이용 가능하다. 고객의 요청에 따라 음식을 객실로 배달하며, 지정된 시간에 맞춰 제공된다.

4) 듀티 데스크(Duty Desk)

호텔 이용 중 발생하는 불편, 민원, 서비스 불만 등을 접수·해결하는 부서이다. 고객의 의견을 수렴하고, 신속한 조치를 통해 만족도를 높이는 데 기여한다.

5) 룸 투 룸(Room to Room)

같은 호텔 내에 투숙 중인 다른 고객과 객실 간 직접 통화할 수 있는 기능이다. 지인의 객실 번호를 입력하면 연결된다.

6) 론드리(Laundry)

세탁 서비스를 제공하는 부서로, 객실 내 전용 봉투에 세탁물을 담아 문 앞에 두거나 전화로 요청하면 수거 후 세탁하여 다시 돌려준다.

7) 하우스키핑(Housekeeping)

객실 청소, 침구 정리, 수건 추가 제공, 욕실 정비 등을 담당하는 부서이다. 객실 정리 외에도 다양한 요청 사항을 처리하며, 전화를 통해 요청할 수 있다.

8) 엔지니어링(Engineering)

객실 내 설비 고장이나 불편 사항이 있을 때, 수리와 점검을 담당하는 기술 부서이다. 냉난방기, 조명, 샤워기 고장 등 문제 발생 시 신속히 대응한다.

9) DDD(Direct Distance Dialing)

객실에서 시내, 시외, 해외 전화를 직접 걸 수 있는 기능이다. 지정된 버튼 또는 외선 번호를 눌러 이용하며, 통화 요금은 체크아웃 시 정산된다.

〈호텔 전화기와 고객서비스 부서〉

단축 다이얼 영어	용 도
Operator	교환 및 모닝콜 부탁. 대부분 호텔이 0번을 사용하고 있다.
Front	프런트에 연락을 할 때
Room Service	객실 내에서 식음료를 주문할 때
Duty Desk	불평사항을 신고할 때
Room to Room	객실에서 객실로 연결할 때(단축 다이얼+객실번호)
Laundry	세탁물을 맡길 때
House Keeping	객실 내 청소를 원할 때
Engineering	객실 내에서 냉·난방 고장 등 시설적인 문제가 발생했을 때
DDD	시내·외 및 국제전화를 직접 할 때

이처럼 호텔의 고객서비스 부서는 고객의 편안한 숙박을 위해 세분화된 시스템을 바탕으로 운영된다. 각 기능을 이해하고 적절히 활용하는 것은 효율적이고 만족스러운 호텔 이용을 위한 지혜라 할 수 있다.

5 호텔 객실 이용

호텔 객실을 사용하는 동안 투숙객은 기본적인 예절과 안전 수칙을 지켜야 한다. 객실은 단순한 숙박 공간을 넘어, 다른 고객과 호텔 직원이 함께 공유하는 공공적 공간이므로, 시설을 올바르게 이해하고 사용하는 것이 필수적이다. 이는 사고 예방은 물론, 쾌적한 호텔 문화를 유지하는 데 기여한다.

5.1 객실 키

대부분의 호텔은 자동 잠금 기능이 있는 도어 시스템을 사용하므로, 객실을 나설 때는 반드시 객실 키 또는 카드키를 지참해야 한다. 키를 분실할 경우 프런트 데스크에 신고하면 신원을 확인한 후 마스터 키로 객실 문을 열어준다. 외출 중 키 보관이 불안하다면 프런트에 맡겨 보관을 요청할 수 있으며, 이는 분실 예방에 도움이 된다.

5.2 욕실 사용

욕실은 개인이 사용하는 공간이지만, 호텔의 시설이므로 청결과 배려가 요구된다. 샤워 시에는 욕조 안 또는 샤워 부스 내에서 커튼을 바르게 사용하여 물이 바깥으로 흐르지 않도록 해야 한다. 외국 호텔은 욕실 바닥에 배수구가 없는 경우가 많기 때문에, 물이 넘치지 않도록 각별히 주의한다. 바닥이 젖은 경우, 마른 수건으로 물기를 닦아 정리하는 것이 다음 이용자나 직원에 대한 배려이다.

욕실 내 제공되는 비누, 샴푸, 로션, 빗 등은 어메니티(amenity)로서 무료 사용이 가능하지만, 칫솔이나 면도기 등 일부 일회용품은 환경 보호 정책에 따라 제공되지 않을 수 있으므로 개인적으로 준비하는 것이 바람직하다. 욕조 주변에는 미끄럼 방지를 위한 고무 매트를, 욕실 바깥에는 발매트를 사용하여 사고를 예방해야 한다.

5.3 타월 종류와 사용

욕실에는 여러 크기의 타월이 비치되어 있으며, 용도에 따라 구분하여 사용하는 것이 위생적이다.

- 손수건(Small Towel): 손이나 가벼운 물기 제거용
- 페이스 타월(Face Towel): 세안 후 얼굴 닦는 용도
- 바스 타월(Bath Towel): 샤워 후 전신 물기 제거
- 발수건(Foot Towel): 샤워 후 바닥에 깔거나 발을 닦는 용도

타월은 호텔 재산이며, 오염이 심하거나 분실 시 추가 요금이 부과될 수 있으므로 주의하여 사용해야 한다.

〈객실 타올의 종류〉

용 도	가로×세로	비치된 곳
Wash Towel(손 닦는 수건)	30×30cm	세면대 주위
Face Towel(얼굴 닦는 수건)	80×36cm	문 혹은 벽에 부착된 걸이
Foot Towel(발 닦는 수건)	80×50cm	문 혹은 벽에 부착된 걸이
Bath Towel(목욕 후 감싸는 수건)	120×65cm	욕실 내 선반

5.4 귀중품 보관 요령

귀금속, 여권, 현금 등 귀중품은 객실 내 금고(safe box)를 이용하여 안전하게 보관한다. 금고 사용 방법은 객실 안내판에 설명되어 있으며, 비밀번호 설정 후 사용할 수 있다. 만약 객실에 금고가 없다면 프런트에 요청하여 안전

보관함(safe deposit box)을 무료로 이용할 수 있다. 외출 시에는 귀중품을 객실에 방치하지 않도록 철저히 관리하는 것이 기본적인 숙박 매너이다.

5.5 객실 전화 사용과 모닝콜 서비스

객실 내 설치된 전화기는 호텔 내 각 부서와 연결되며, 외부 통화(시내·시외·국제전화)도 가능하다. 가족이나 지인이 같은 호텔에 머무르고 있다면 객실 번호로 직접 연결할 수도 있다. 다만, 연결 실패 시에도 요금이 청구될 수 있으므로, 사용 전 요금 정책을 반드시 확인하는 것이 중요하다.

모닝콜 서비스는 정해진 시간에 호텔 직원이 전화로 기상 알림을 제공하는 제도로, 체크인 시 또는 전날 밤에 요청할 수 있다. 이 외에도 대부분의 호텔은 유무선 인터넷을 제공하지만, 무료/유료 여부는 호텔마다 다르므로 미리 확인하는 것이 좋다.

5.6 룸서비스

호텔의 룸서비스는 투숙객이 객실 내에서 편안하게 식사나 음료를 즐길 수 있도록 마련된 편의 서비스이다. 고객은 객실 전화 또는 호텔 전용 애플리케이션을 통해 메뉴를 확인한 뒤 원하는 음식을 주문할 수 있다. 주문한 음식은 담당 직원이 지정된 시간에 객실로 배달하며, 고객은 별도의 이동 없이 식사를 해결할 수 있다.

룸서비스는 일반적으로 호텔 레스토랑과 동일한 품질의 음식을 제공하지만, 배달 서비스와 인건비가 포함되어 있기 때문에 가격이 다소 높게 책정된다. 일부 호텔에서는 세금이나 봉사료가 별도로 추가되기도 하므로 주문 전 가격 구성을 확인하는 것이 바람직하다.

식사를 마친 뒤에는 사용한 식기를 객실 문 앞에 두고 냅킨을 덮어두는 것이 기본 매너이다. 담당 직원이 이를 수거하며, 다음 투숙객의 쾌적한 이용을 위해 청결하게 정리하는 것이 중요하다.

5.7 도어 넙 카드

호텔 객실 문고리에 걸 수 있는 도어 넙 카드(Door Knob Card)는 투숙객의 프라이버시 보호와 서비스 요청을 전달하는 수단이다. 일반적으로 “Do Not Disturb(방해하지 마세요)”와 “Please Make Up Room(청소해 주세요)”라는 문구가 양면에 인쇄되어 있으며, 고객은 상황에 따라 적절한 면을 문고리에 걸어두면 된다.

최근에는 카드 대신 객실 내부의 버튼을 눌러 청소 요청이나 방해 금지 상태를 전자적으로 표시하는 시스템도 도입되고 있다. 이 경우, 객실 문 옆 전광판에 표시가 자동으로 나타난다. 이러한 시스템을 활용하여 객실의 프라이버시와 서비스 만족도를 높이는 것이 현대 호텔 이용자의 매너이다.

6 객실 내 비품과 시설 이용 매너

호텔 객실에는 투숙객의 편의를 위한 다양한 소모품과 설비가 갖추어져 있다. 욕실 어메니티(Amenity)로는 샴푸, 린스, 비누, 빗, 면봉, 화장솜 등이 있으며, 대부분 일회용으로 제공되어 자유롭게 사용할 수 있다. 일부 고급 호텔에서는 바느질 도구나 세안용 스펀지 등도 함께 제공되며, 이러한 품목은 사용 후 가져가는 것이 가능하다.

반면, 객실 내에 비치된 가운, 수건, 옷걸이, 재떨이, 헤어드라이어 등은 호텔의 소유물로 분류된다. 무단 반출할 경우 추가 요금이 청구되거나 도난으로 간주될 수 있으므로 주의가 필요하다. 만약 실수로 파손하거나 분실한 경우, 프런트에 신고하고 호텔의 규정에 따라 정산을 진행하는 것이 올바른 태도이다.

객실 내 미니바(minibar)는 소형 냉장고에 음료와 간단한 스낵이 비치된 형태로, 이용한 품목에 대해서는 체크아웃 시 별도로 요금이 부과된다. 일부 호텔에서는 냉장고에서 물건을 꺼내는 것만으로도 자동으로 요금이 청구될 수 있기 때문에, 실제로 사용하지 않을 경우에도 주의가 필요하다.

탁자에 놓여 있는 생수, 과일, 티백 등이 무료로 제공되는 경우에는 'Welcome' 또는 'Complimentary' 등의 안내 문구가 함께 표시된다. 그러나 호텔 등급이나 지역에 따라 유료인 경우도 있으므로 사전에 확인하는 것이 중요하다.

객실 내 텔레비전은 일반 채널 외에 유료 영화나 스포츠 채널을 제공하기도 한다. 유료 채널을 시청할 경우, 약 6~8달러의 비용이 청구되며, 이는 체크아웃 시 결제된다.

호텔에서는 투숙객의 이동을 돕기 위해 무료 셔틀버스를 운영하는 경우도 있다. 셔틀버스는 공항, 시내 중심지, 관광지 등을 왕복하며, 이용 시간표는 프런트나 안내 책자를 통해 확인할 수 있다.

수영장과 스파 시설은 대부분 수영복 착용이 필수이며, 공용시설로 간주되어 청결과 예절을 유지해야 한다. 사우나와 달리 남녀 공용 운영이 일반적이므로, 복장 규정에 맞춰 이용해야 한다.

호텔 내 레스토랑은 분위기와 등급에 따라 복장 매너를 요구할 수 있다. 지나치게 캐주얼한 복장이나 슬리퍼 착용은 지양하며, 식사 후에는 즉시 결제하거나 객실 번호를 알려주고 체크아웃 시 일괄 정산하는 방식으로 요금을 처리할 수 있다.

7 서비스 팁(Tip)과 글로벌 매너

서비스를 받은 후 감사의 의미로 주는 금전적 보상이 바로 팁(tip)이다. 이는 의무는 아니지만, 서비스에 대한 예의로 여겨지는 문화이며, 국가나 업종에 따라 관습과 비율이 다르게 나타난다. '팁'이라는 단어는 18세기 영국의 선술집에서 유래한 것으로 알려져 있다. "신속하고 훌륭한 서비스를 위한 지불(To Insure Promptness)"의 앞 글자를 따서 TIP이라 불리게 되었다.

팁을 주는 대표적인 장소로는 레스토랑, 호텔, 택시, 미용실, 스파, 네일숍 등이 있으며, 직원이 특별한 도움을 주었거나 서비스가 만족스러웠을 때 주로 전달한다. 보통은 이용 금액의 10~20% 정도를 기준으로 하며, 일부는 정해진 금액을 주는 경우도 있다.

1) 상황별 팁 금액 예시

- 호텔 도어맨: 택시를 잡아주었을 때 약 1달러
- 벨보이: 짐 1개당 1달러
- 하우스키핑: 침대 하나당 1달러 정도, 매일 아침 책상에 올려두면 됨
- 발렛 파킹: 차량 회수 시 1~2달러
- 택시 이용: 요금의 약 15%, 장거리일 경우 20%까지도 가능

음식 배달, 미용실, 구두 손질, 옷 수선 등도 소액의 팁을 주는 것이 일반적이다.

2) 레스토랑에서의 팁 매너

- 고급 레스토랑: 계산서에 포함되지 않았다면 15~20%
- 일반 레스토랑: 10~15%
- 뷔페식이나 셀프서비스: 보통 생략 가능
- 룸서비스나 와인 서비스: 약 15% 수준

'서비스 차지'가 포함된 경우에는 별도 팁이 필요하지 않다. 하지만 직원의 친절에 감동했을 경우, 소액의 팁을 추가로 주는 것은 예의가 될 수 있다.

3) 팁 전달 시의 기본 예절

팁은 가급적 감사의 말을 함께 전하며, 눈에 띄지 않게 건네는 것이 좋다. 특히 포멀한 자리에서는 남성이 팁을 전하는 것이 관례로 여겨지기도 한다. 할인을 받은 경우에도 팁은 원래 가격을 기준으로 계산하는 것이 바람직하다. "Thank you"라는 말 한마디가 함께한다면, 팁은 단순한 돈이 아니라 존중의 표현이 된다.

국 가	팁 문화
미 국	팁 문화가 가장 강하게 자리 잡은 나라. 팁은 거의 필수이며, 주지 않으면 무례하게 여겨짐
프랑스, 브라질, 터키 등 유럽 및 중남미	대부분 요금에 서비스 차지 포함. 추가 팁은 선택 사항이지만 보편적임
호주, 뉴질랜드	팁은 선택 사항으로, 서비스가 만족스러울 때만 주면 됨
일본, 한국, 중국	전통적으로 팁 문화는 없지만, 외국인을 대상으로 하는 서비스 업종에서는 소액의 팁을 주는 경우가 늘고 있음
싱가포르, 홍콩, 필리핀	계산서에 팁이 자동 포함되는 경우가 많으므로 확인 후 지불해야 함
스파, 마사지 업종	보통 90분 기준으로 2~3달러 정도가 적당함

8 해외 공공장소 및 관광명소의 매너

해외여행 중 박물관, 미술관, 종교 사찰 등 공공장소를 방문할 때에는 해당 장소의 규범과 문화를 존중하는 태도가 필요하다. 이는 단순한 관람이 아니라, 문화 교류의 일부로 인식되어야 하며, 성숙한 여행자의 기본 자세이다.

8.1 전시장과 박물관 관람 시의 예절

전시장이나 박물관은 조용한 환경에서 예술과 지식을 향유하는 공간이다. 관람 중에는 낮은 목소리로 이야기하며, 불필요한 소음은 삼가야 한다. 휴대전화는 반드시 진동 모드로 설정하고, 통화는 전시실 밖에서 진행한다.

사진 촬영은 사전 허가 여부를 확인한 후 허용된 범위에서만 진행한다. 대부분의 박물관에서는 플래시 사용을 금지하거나, 아예 촬영을 금지하는 경우도 많다. 이는 작품의 빛 손상 방지를 위한 조치로, 특히 고서, 회화, 섬유 유물 등은 조명에 민감하게 반응한다.

전시물에는 직접 손을 대지 않는다. 유리 진열장도 마찬가지로 손을 대면 오염되거나 손상이 생길 수 있으며, 경우에 따라 복구 비용이 청구될 수 있다.

관람 시에는 한 걸음 물러서서 조용히 바라보는 것이 바람직하다.

음식물이나 음료 반입도 대부분 제한되며, 전시실 내에서는 절대 섭취하지 않는다. 이는 위생과 작품 보호를 위한 기본적인 규칙이다.

8.2 해외 종교 사찰 및 성지 방문 예절

불교 사원, 이슬람 모스크, 기독교 성당 등은 단순한 관광지가 아닌 신성한 종교 공간이다. 방문 시 복장과 태도에 각별한 주의가 필요하다. 민소매, 짧은 바지, 노출이 심한 의상은 지양하며, 가능하면 무릎과 어깨를 가리는 옷차림을 준비한다.

일부 국가에서는 복장 기준을 엄격히 적용하며, 부적절한 복장으로 인해 입장이 제한되거나 거부되기도 한다. 대표적으로 바티칸 시국, 태국, 미얀마, 말레이시아 등에서는 종교적 예절이 법적인 수준으로 규정되어 있다.

종교시설 내에서는 항상 엄숙한 태도를 유지한다. 큰 소리로 말하거나 웃는 행동은 예의에 어긋나며, 예배 중인 신자들의 집중을 방해할 수 있다. 내부에 있는 조각상이나 성물은 허락 없이 만지지 않으며, 일부 공간은 출입 자체가 제한되기도 한다.

사진 촬영도 마찬가지로 사전 허용 여부를 확인한 후 진행해야 하며, 예배 중 촬영은 절대 삼가야 한다. 문화의 차이를 이해하고 존중하는 것이 진정한 글로벌 여행자의 품격이며, 이는 여행의 품질을 결정짓는 중요한 기준이 된다.

학습내용 요약

1. 호텔은 이용 전에 반드시 예약을 하고, 예약 취소가 필요할 경우에는 사전에 알려야 한다. 호텔 내에는 프런트 데스크, 벨 데스크, 당직 데스크 등 서비스 부서가 분담되어 있어, 각 부서의 역할을 이해하면 보다 효율적으로 호텔 서비스를 이용할 수 있다. 객실 이용 시에는 키 사용, 욕실 내 에티켓, 귀중품 보관에 주의를 기울여야 한다.
2. 팁은 주어진 서비스에 대한 감사의 표현으로 지불하며, 일반적으로 요금의 15~20%

를 지불하거나, 상황에 따라 1달러 정도의 정액으로 건네기도 한다. 팁은 눈에 띄지 않게 손바닥을 아래로 하여 'Thank you'라는 말과 함께 건네는 것이 예의이다.

3. 박물관이나 전시장 같은 공공장소에서는 조용한 관람 태도를 유지하고, 사진 촬영은 허용된 경우에만 한다. 전시품을 만지거나 음식물 반입은 삼가야 하며, 타인의 관람을 방해하지 않도록 주의한다.
4. 해외의 종교 사찰이나 성지를 방문할 경우에는 복장과 태도에 각별히 주의를 기울여야 하며, 사전에 관련 규정을 확인한 후 예의를 갖추고 방문한다.

생각 나누기

1. 여행 중 레스토랑에서 친구가 팁을 주지 않자, 직원이 불쾌한 표정을 지었습니다. 친구는 "왜 돈을 더 줘야 해?"라고 말합니다. 당신은 팁 문화를 어떻게 받아들이고 설명하겠습니까? 문화적 차이를 이해시키는 방법은?

2. 호텔 객실에 귀중품을 놓아두고 나갔던 친구가 물건을 분실했습니다. 그는 "호텔이 책임져야지!"라고 항의합니다. 당신은 이 상황에서 책임이 누구에게 있다고 보십니까? 여행 중 귀중품 관리의 책임과 매너는 어떤 기준으로 정해져야 할까요?

3. 친구가 호텔에 비치된 타월과 슬리퍼, 샴푸 등을 가방에 챙깁니다. "어차피 숙박비에 포함된 거잖아"라고 말합니다. 당신은 어떤 물건까지가 '가져가도 되는 범위'라고 생각합니까? 호텔 물품에 대한 인식과 사용자의 매너는 어떻게 달라져야 할까요?

CHAPTER

10

와인과 함께하는 서양식 테이블 매너

제10장

와인과 함께하는 서양식 테이블 매너

서양식 식사는 단순한 식사 행위가 아니라, 사람 사이의 관계를 돈독히 하고 문화를 이해하는 중요한 소통의 장이다. 특히 비즈니스나 공식 모임에서 함께 식사하는 자리는 상대에 대한 존중을 표현하는 기회가 되며, 이때 테이블 매너는 신뢰와 인상을 좌우하는 요소로 작용한다.

서양식 테이블 매너는 오랜 역사 속에서 형식과 질서를 갖추게 되었으며, 오늘날에는 단순한 규칙을 넘어 타인을 배려하고 품격을 갖춘 행동을 위한 문화로 자리 잡고 있다. 이번 장에서는 서양식 코스 요리의 흐름과 식기 사용법, 식사 중 지켜야 할 기본 예절, 그리고 음식과 조화를 이루는 와인 매너까지 폭넓게 다룬다. 이를 통해 중요한 식사 자리에서도 자연스럽고 세련된 태도로 대응할 수 있는 식사 교양을 기를 수 있다.

1 레스토랑 이용 매너

1.1 예약시 매너

서양식 레스토랑에서는 예약이 식사의 시작이자 예의이다. 고급 식당일수록 사전 예약은 필수이며, 좌석이 제한적일 수 있으므로 1주일 전에는 예약하는 것이 안전하다. 예약 시에는 이름, 방문 날짜와 시간, 인원수를 정확히 전달하고, 특별 요청사항(예: 창가 좌석, 기념일 행사, 음식 알레르기 등)이 있다면 미리 말해야 한다.

조리 시간이 오래 걸리는 메뉴는 사전 주문이 필요할 수 있다. 예약 변경이나 취소가 불가피한 경우, 최소 하루 전에는 식당에 연락을 해야 실례가 되지 않는다. 상대방과의 만남을 소중히 여기는 마음이 테이블 매너의 출발점이다.

1.2 도착 시 매너

식당에 도착하면 외투나 큰 가방은 보관소에 맡기는 것이 원칙이다. 통로나 의자에 짐을 두는 것은 타인에게 불편을 줄 수 있기 때문이다. 여성의 외투는 동반 남성이 받아주는 것이 예의로 간주되며, 보관소가 없다면 의자 등받이에 조심스럽게 거는 정도로 정리한다.

복장은 식당의 분위기와 격식에 맞추어 단정하게 준비한다. 고급 레스토랑에서는 운동복이나 지나치게 편안한 복장은 입장이 제한될 수 있다. 복장 예절 역시 상대와 장소에 대한 배려에서 비롯된다.

입장 시에는 리셉션 직원에게 예약 여부를 확인받고 좌석 안내를 기다린다. 자리에 임의로 앉지 않고, 배정된 좌석이 마음에 들지 않을 경우에는 정중하게 다른 좌석을 요청할 수 있다. 동반자가 있을 경우에는 '숙녀 우선'의 원칙을 지킨다. 안내자가 있으면 여성이 먼저 이동하고, 안내자가 없다면 남성이 여성을 안내하며 배려심 있는 태도를 보인다.

1.3 착석 시 매너

서양식 식사에서 자리에 앉는 순간부터 식사의 격식은 시작된다. 일반적으로 주최자가 좌석을 지정하며, 안내된 자리에 자연스럽게 착석하는 것이 기본 예절이다. 앉을 때는 허리를 깊숙이 의자 안쪽으로 넣고, 상체는 곧게 세운다. 손은 무릎 위나 테이블 위에 가볍게 올리되, 팔꿈치를 식탁에 올리거나 턱을 괴는 행동은 삼가야 한다.

착석 시 테이블과는 주먹 두 개 정도, 옆 사람과도 비슷한 간격을 두고 앉는 것이 좋다. 의자를 끄는 소리는 조심스럽게 줄이며, 자리에서 불필요하게 몸을 움직이지 않도록 한다. 가방이나 개인 소지품은 의자 등 뒤나 의자 아래에 두고, 테이블 위에는 올리지 않는다.

자리에 앉은 후에는 양옆이나 마주 앉은 사람에게 미소와 함께 간단히 인사를 나눈다. 모든 참석자가 자리에 앉고 분위기가 안정되면, 식탁 위에 놓인 냅킨을 조용히 무릎 위에 펼쳐 올린다. 냅킨은 반으로 접되, 접힌 부분이 배 쪽을 향하게 하고, 식사 중 입을 닦거나 소스를 가볍게 정리하는 용도로만 사용한다. 냅킨을 무심히 테이블 위에 던지거나 옷처럼 사용하는 행동은 바람직하지 않다.

인사와 냅킨 준비가 끝나면 메뉴를 천천히 살펴보고, 식사의 흐름에 맞춰 주문을 진행한다. 메뉴 선택도 함께하는 사람들을 배려하며 이루어져야 하며, 너무 오랜 시간 고민하거나 독특한 요청을 반복하는 것도 예의에 어긋난다.

◆ 좌석 배정의 원칙

정식 만찬이나 격식 있는 식사 자리에서는 좌석의 배치가 중요한 의미를 지닌다. 일반적으로 주최 측에서 좌석을 미리 정해두며, 상석과 말석은 연령, 지위, 성별, 혼인 여부 등을 고려하여 배정된다. 주빈은 경치가 좋은 창가나 중앙 자리에 앉으며, 출입구 근처나 통로 측은 말석으로 여겨진다. 초대자의 가족이나 가까운 지인은 주로 말석에 배치되는 것이 관례이다.

좌석은 남성과 여성이 번갈아 앉도록 구성하는 것이 이상적이며, 부부 동반일 경우에는 나란히 앉기보다는 대각선으로 마주보는 자리에 배치하는 것이 일반적이다.

레스토랑에서는 안내 직원이 상석의 의자를 먼저 빼주며, 주빈은 이에 따라 자연스럽게 앉는다. 상석에 과도하게 겸손하거나 사양하는 태도는 오히려 예의에 어긋날 수 있으므로, 주최 측의 의도에 따라 자연스럽게 착석하는 것이 좋다.

서양에서는 '여성 우선(Lady First)'의 원칙이 적용되므로, 착석 시에도 여성이 먼저 자리에 앉고 남성이 뒤따른다. 단체 식사에서도 이 원칙은 유지되며, 이를 통해 상호 존중의 태도를 표현할 수 있다.

1.4 메뉴 주문 시 매너

서양식 식사에서 메뉴 선택은 단순한 음식 고르기가 아니라, 함께하는 사람에 대한 배려의 시작이다. 메뉴판을 펼칠 때는 여유 있게 살펴보며, 가장 저렴하거나 가장 비싼 메뉴는 피하는 것이 일반적이다. 특히 초대를 받은 자리라면, 초대한 사람의 선택 범위에 맞춰 중간 가격대에서 메뉴를 고르는 것이 좋다.

주문은 보통 연장자나 여성, 초대 손님 순으로 진행되며, 동반자와 식사의 흐름과 구성을 맞추는 것이 매너이다. 서두르지 말고 차분히 결정하되, 종업원이 곁에 올 때까지는 메뉴판을 편 상태로 두지 않는다. 메뉴를 정한 후에는 접어 두었다가 종업원이 다가올 때 다시 펼쳐 자연스럽게 주문한다.

웨이터를 부를 때는 소리를 내기보다 눈을 마주치고 가볍게 손짓을 해 신호를 보내는 것이 바람직하다. 옆 테이블의 음식을 손가락으로 가리키며 주문하거나, 과하게 개인적인 질문을 던지는 행동은 피해야 한다. 음식에 대한 알레르기나 기호에 맞지 않는 재료가 있다면 미리 정중히 알린다.

와인을 곁들이는 식사 자리라면, 소믈리에에게 음식에 어울리는 와인을 추천받는 것이 일반적이다. 전통적인 서양식 코스는 전채, 수프, 생선요리, 육류요리, 샐러드, 디저트, 커피 또는 차의 순서로 진행되며, 생선과 육류는 중복되지 않게 선택하는 것이 자연스럽다.

1.5 식사 중 매너

식사 시간은 단순한 음식 섭취를 넘어, 사람들과의 소통이 이루어지는 소중한 순간이다. 식사 자세는 식사의 품격을 좌우하며, 나아가 상대에 대한 존중을 드러낸다.

식탁에 앉을 때는 허리를 곧게 세우고, 테이블 가까이 안정된 자세로 앉는다. 팔꿈치를 테이블에 올리거나 다리를 꼬는 행위는 피하며, 몸을 뒤로 젖히거나 좌우로 기울이는 등 산만한 자세는 삼간다. 손은 자연스럽게 테이블 위나 무릎 위에 두고, 식사를 할 때는 조용하고 절제된 동작을 유지한다.

식사를 하면서는 입안에 음식이 있을 때 말을 삼가고, 음식을 씹는 소리나 식기를 부딪치는 소리가 나지 않도록 주의한다. 대화는 입이 비었을 때 조용한 목소리로 나누며, 너무 무겁거나 사적인 이야기는 피하는 것이 좋다. 식사는 점심 기준 1시간 30분, 저녁은 2시간 정도의 여유를 두고 진행된다.

식기를 사용할 때는 종업원이 배치한 상태 그대로 사용하는 것이 원칙이며, 접시나 컵을 자의적으로 옮기지 않는다. 나이프나 포크를 떨어뜨렸을 경우에는 직접 줍지 말고, 종업원에게 요청하여 교체받는다. 요청이 있을 때는 손가락 튕김이나 큰 소리보다 조용한 손짓과 시선 교환이 예의다.

식사 중 전화가 울릴 경우, "실례하겠습니다"라는 말과 함께 조용히 자리를 비우고, 냅킨은 의자 위에 올려두고 일어나는 것이 매너이다. 급한 연락이 아니라면 식사 중 전화 사용은 자제하는 것이 바람직하다.

양념이 멀리 있을 경우 손을 뻗지 않고, "Could you pass me the pepper?"와 같은 정중한 표현으로 부탁한다. 또한 식사 중 얼굴이나 머리를 만지는 행위는 비위생적으로 보일 수 있으므로 삼가며, 손의 청결을 유지하는 태도도 중요하다.

테이블 매너는 음식과 함께 나누는 정중함이며, 나와 상대방 모두가 즐거운 식사를 할 수 있도록 돕는 사회적 약속이다. 이를 자연스럽게 실천할 수 있도록 습관화하는 것이 진정한 식사 예절의 완성이라 할 수 있다.

2 서양식 양식기 이용 매너

서양식 식사에서는 식기의 정확한 사용법과 테이블 위에서의 행동 하나 하나가 매너로 연결된다. 올바른 도구 사용은 상대방에 대한 배려와 테이블 예절을 반영하는 기본이다.

사진출처: https://happy.designhouse.co.kr/magazine/magazine_view/00010003/99

2.1 냅킨 사용법

냅킨은 식사 중 손과 입가를 정리하는 용도로 제공되며, 사용하는 시점과 방법에 주의가 필요하다. 자리에 앉자마자 펼치는 것이 아니라, 동석한 사람이 모두 자리를 잡은 뒤 조용히 무릎 위에 올려놓는다. 냅킨은 반으로 접어 접힌 부분이 몸 쪽을 향하도록 두며, 음식물이 입가에 묻었을 때 살짝 닦는 데에만 사용한다.

식사 중 자리를 잠시 비울 경우, 냅킨은 의자 위에 가볍게 올려두며, 식사가 완전히 끝났다면 넓게 접어 테이블 위, 주로 접시의 왼쪽에 올려놓는다. 냅킨은 땀을 닦거나 립스틱을 지우는 용도로 사용하는 것은 적절하지 않으며, 바닥에 떨어뜨렸을 경우 직접 줍기보다는 종업원의 도움을 요청하는 것이 예의이다.

2.2 나이프와 포크 사용법

서양식 식사는 코스마다 각기 다른 식기가 배치되어 있으며, 바깥쪽부터 안쪽으로 사용하는 것이 원칙이다. 포크는 일반적으로 왼손, 나이프는 오른손에 들고 사용하며, 일부 문화권에서는 포크를 오른손으로 옮겨 사용하는 '지그재그(Zig－Zag) 방식'도 허용된다.

식사 중에는 식기를 들고 손을 과도하게 움직이지 않으며, 말할 때 나이프나 포크를 손에 쥔 채 표현하는 행동은 삼간다. 식사를 멈출 때는 포크와 나이프를 접시 위에 'V'자 형태로 살짝 겹치게 놓고, 식사가 완료된 경우에는 '4시 방향'으로 나란히 놓아 종업원이 식사가 끝났음을 알 수 있도록 한다.

칼날은 안쪽을 향하게 두며, 나이프를 입에 넣는 것은 절대 피해야 할 행동이다. 식사 중 도구를 떨어뜨렸다면 직접 줍지 않고, 손을 들어 종업원에게 도움을 청하는 것이 바람직하다.

〈포크와 나이프의 위치〉

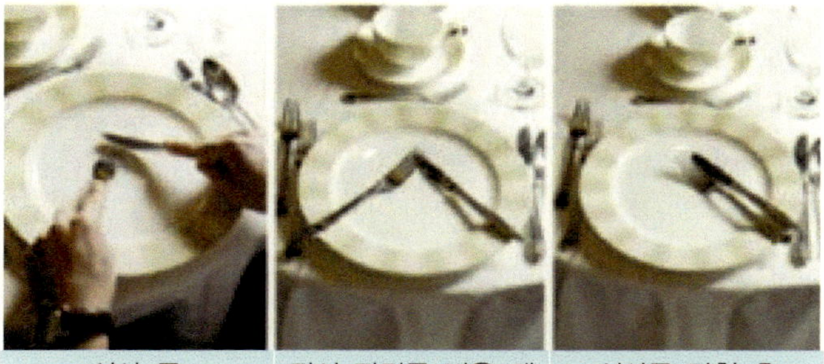

식사 중	잠시 자리를 비울 때	식사를 마친 후

사진출처: https://www.joongang.co.kr/article/16903308

2.3 핑거볼과 스푼 사용법

핑거볼은 과일, 조개류, 새우 등 손으로 직접 먹는 요리를 제공받았을 때 함께 나온다. 작은 유리 그릇 안에는 미지근한 물과 레몬 조각이 들어 있으며, 한 손의 손가락만 가볍게 씻은 후, 냅킨으로 닦는 방식으로 사용한다. 두 손을 모두 담그거나 얼굴을 씻는 듯한 행동은 삼가야 한다.

스푼은 수프를 먹을 때 사용되며, 펜을 잡듯 자연스럽게 쥐고, 국물을 흘리지 않도록 입에 살짝 흘려 넣는다. 수프는 그릇의 가장자리에서 바깥쪽으로 떠서 마시는 것이 예의이다. 티스푼은 차나 커피를 저을 때만 사용하며, 이를 입에 가져가면 안 된다.

2.4 와인잔과 물잔의 사용

사진출처: https://happy.designhouse.co.kr/magazine/magazine_view/00010003/99

서양식 식사에서 잔은 자리 기준 오른쪽 위에 배치된다. 잔의 종류에 따라 크기와 위치가 다르며, 일반적으로 물잔, 레드 와인 잔, 화이트 와인 잔 순으로 놓인다. 와인을 마실 때는 잔의 둥근 부분이 아닌 잔대(stem)를 잡아야 하며, 이는 손의 온도가 와인의 온도에 영향을 주지 않도록 하기 위함이다.

와인은 시각, 후각, 미각의 순서로 즐긴다. 먼저 와인의 색을 살펴본 뒤, 잔을 가볍게 흔들어 향을 맡고, 천천히 한 모금 마신다. 공식적인 식사 자리에서는 와인잔을 부딪히는 건배를 생략하기도 하며, 필요할 경우 조용하고 절제된 방식으로 건배를 나눈다.

이와 같은 테이블 위 도구들의 사용법은 단순한 기술이 아니라, 상대를 배려하고 식사 시간을 함께 즐기기 위한 예의에서 비롯된다. 도구의 사용이 자연스럽게 익숙해질수록 더 품격 있는 식사 문화에 가까워질 수 있다.

3 코스별 요리의 이해

서양식 정찬은 단순한 식사가 아니라 하나의 의식이다. 각 코스는 나름의 역할과 의미를 담고 있으며, 순서에 따라 제공되는 요리를 이해하고 적절한 매너로 즐기는 것이 식사의 품격을 높여준다. 다음은 서양식 코스에서 자주 접할 수 있는 요리들의 구성과 특징이다.

3.1 전채요리(Appetizer)

전채요리는 식사 전 입맛을 돋우기 위해 소량으로 제공되는 요리로, 차가운 것과 따뜻한 것으로 나뉜다. 대표적인 차가운 전채요리에는 새우 칵테일, 푸아그라, 카나페, 생굴, 캐비아 등이 있고, 따뜻한 요리로는 튀김이나 구운 고기, 달팽이 요리(에스카르고) 등이 포함된다. 캐비아는 철갑상어의 알로 고급 식자재로 유명하며, 푸아그라는 거위의 간을 활용해 만든 요리이다. 송로버섯은 독특한 향으로 유명한 고급 재료로 프랑스와 이탈리아에서 주로 생산된다.

전채요리는 메인 요리와 겹치지 않도록 구성하며, 식사의 첫인상을 좌우하는 역할을 한다.

3.2 수프(Soup)

수프는 요리사의 실력을 엿볼 수 있는 코스로, 따뜻한 요리의 시작을 알린다. 대표적으로 맑은 수프인 콩소메(consommé)와 걸쭉한 크림 수프인 포타주(potage)가 있다. 스푼으로 조용히 떠먹으며, 마지막에 남은 수프는 접시를 살짝 기울여 떠먹을 수 있다. 손잡이 있는 수프 볼의 경우에는 들어서 마시는 것도 허용된다.

3.3 빵(Bread)

빵은 식사 중간에 제공되어 입맛을 정리하거나 배를 채우는 용도로 사용된다. 먹을 만큼만 손으로 찢어 버터와 함께 곁들인다. 테이블 왼쪽에 놓인 빵이 자신의 것이며, 다른 사람의 빵을 건드리는 것은 예의에 어긋난다. 커피나 수프에 빵을 적시는 행동은 삼가야 한다.

3.4 샐러드(Salad)

샐러드는 국가에 따라 제공 시점이 다르다. 미국에서는 주요리 전에, 유럽에서는 주요리 후에 제공되는 경우가 많다. 드레싱이 곁들여지며 포크로만 먹는 것이 일반적이다. 샐러드가 크면 포크의 측면으로 자르며, 나이프 사용이 필요할 경우 조심스럽게 사용한다.

〈코스 요리 제공 순서〉

사진출처: https://www.joongang.co.kr/article/16903308

3.5 주요리(Main Dish)

메인 요리는 일반적으로 생선과 육류로 구성된다. 생선요리는 가시를 제거한 상태로 제공되며, 경우에 따라 직접 가시를 바르는 절차도 필요하다. 레몬은 손으로 짜는 대신 포크와 나이프를 이용해 즙을 뿌린다.

샤베트(Sorbet)는 생선요리와 육류요리 사이에 나오는 중간 코스로, 입 안을 개운하게 정리해 주는 역할을 한다. 약간의 알코올이 포함된 경우도 있으며, 작은 스푼으로 조심스럽게 떠먹는다.

육류요리는 주로 스테이크가 제공되며, 한 점씩 잘라서 먹는 것이 기본이다. 전체를 미리 자르면 육즙이 빠져 맛이 떨어지므로 주의한다. 스테이크는 왼손에 포크, 오른손에 나이프를 들고 먹으며, 미국식으로는 포크를 오른손으로 옮겨 먹는 방식도 허용된다.

고기의 익힘 정도는 다음과 같이 구분된다.

- Rare: 거의 익히지 않은 상태
- Medium Rare: 속이 붉고 겉은 익은 상태
- Medium: 중심까지 핑크빛을 띰
- Medium Well: 거의 익혀 핑크빛이 적음
- Well Done: 속까지 완전히 익힌 상태

사진출처: https://namu.wiki/w/%EC%8A%A4%ED%85%8C%EC%9D%B4%ED%81%AC/%EB%B0%B0%EA%B2%BD%EC%A7%80%EC%8B%9D

소스는 흰 고기에는 흰 소스, 붉은 고기에는 갈색 소스를 사용하는 것이 일반적이며, 소금과 후추는 음식을 맛본 후에 사용하는 것이 예의이다. 조리 전 조미는 주방장에 대한 예의에 어긋날 수 있다.

3.6 디저트(Dessert)

디저트는 식사의 마지막을 장식하는 요리로, 케이크, 과일, 아이스크림, 차, 커피 등이 포함된다. '디저트'는 프랑스어 'desservir'에서 유래하여, 식탁을 치우는 과정이라는 뜻을 담고 있다.

과일은 종류에 따라 먹는 방법이 다르다. 포도는 손으로 먹으며, 메론이나 수박은 스푼으로 떠서 먹는다. 씨는 입 안에서 조심스럽게 꺼내 접시에 놓는다. 커피는 소량을 천천히 음미하며, 손잡이는 손가락을 끼우지 않고 가볍게 집어 마신다.

차에 티백이 제공될 경우, 사용한 티백은 컵 가장자리 뒤편에 올려놓는다. 디저트를 먹는 자세 또한 단정하고 조용해야 하며, 식사의 마무리답게 여운을 즐기며 마친다.

이와 같은 코스별 요리의 구성은 식사 예절과 문화에 대한 이해를 바탕으로 한다. 정찬 자리에 참여할 때에는 음식의 흐름을 존중하고, 자신의 역할에 맞는 태도를 갖추는 것이 품격 있는 식사 매너라 할 수 있다.

4 식사 자리의 커뮤니케이션 매너

식사는 단순히 음식을 나누는 자리가 아니라, 관계를 형성하고 신뢰를 쌓는 중요한 커뮤니케이션의 장이다. 특히 공식적인 모임이나 비즈니스 상황에서는 식사 예절뿐 아니라, 대화하는 방식과 태도 또한 중요한 평가 요소가 된다. 식사 자리에서는 자연스럽고 배려 있는 대화가 분위기를 부드럽게 만들고, 상대에 대한 좋은 인상을 남길 수 있다.

4.1 대화의 태도와 주의할 점

식사 중 대화는 상대에 대한 예의와 배려를 바탕으로 진행되어야 한다. 다음과 같은 기본 태도를 지키는 것이 중요하다.

- 입에 음식이 있을 때는 말하지 않는다.
- 말을 할 때는 가능한 상대방과 눈을 맞추며 말한다.
- 말을 너무 크게 하거나, 혼자만 말하지 않는다.
- 부정적인 이야기(정치, 종교, 병, 돈 문제 등)는 피하고, 모두가 공감할 수 있는 가벼운 주제(여행, 음식, 최근의 뉴스 중 무거움이 없는 이야기 등)를 선택한다.

  주의할 주제 예: 정치적 견해, 민감한 종교 이야기, 상대방의 사생활을 캐묻는 질문, 타인이나 특정 집단에 대한 비하 발언

4.2 대화 매너와 음식 매너의 조화

대화와 식사는 따로 떨어진 것이 아니라 함께 이뤄지는 활동이다. 대화에 집중하느라 식사에 소홀해지거나, 반대로 식사에만 몰두해서 말이 없는 태도는 바람직하지 않다.

- 대화와 식사 속도를 일행과 맞춘다.
- 너무 빠르게 먹거나 너무 느리게 먹지 않도록 한다.
- 말을 할 때는 식기를 내려놓고 상대방을 바라본다.

공식 석상이나 비즈니스 식사에서는 식사가 끝난 후 인사와 감사 표현을 잊지 않는 것이 중요하다. "좋은 자리에 초대해 주셔서 감사합니다", "함께할 수 있어 즐거운 시간이었습니다" 등은 예의와 품격을 보여주는 표현이다.

5 식사 후의 매너와 술의 이해

5.1 식사 후 매너

정찬의 마무리는 음식만큼이나 중요하다. 식사가 끝났다고 해서 곧바로 자리를 정리하는 것은 매너에 어긋난다. 후식과 음료를 여유 있게 즐기며 자연스럽게 식사 자리를 마무리하는 것이 바람직하다.

식사가 끝나면 커피나 디저트, 식후주 등 가벼운 음료가 제공된다. 이 시간은 대화의 여운을 나누는 여유로운 순간으로, 목소리는 낮추고 분위기에 맞는 담화를 이어가는 것이 좋다. 커피잔은 손잡이를 가볍게 잡아 들고, 커피스푼은 사용 후 받침 접시에 조용히 놓는다.

계산은 되도록 자리에 앉은 채 조용히 진행하며, 손을 들거나 시선을 맞추어 웨이터에게 신호를 준다. 식사 주최자나 초대한 사람이 대표로 결제하는 것이 일반적이며, 비즈니스 식사의 경우 계산은 외부에서 자연스럽게 처리하는 것이 예의이다.

팁은 정중한 서비스에 대한 감사의 표현으로, 계산 금액의 약 10~15%를 기준으로 한다. 카드 결제 시 계산서에 금액을 기재하거나, 현금으로 소액을 따로 전달한다. 팁은 눈에 띄지 않게 조용히 전하는 것이 매너이다.

자리를 정리할 때는 사용한 냅킨을 테이블 위에 가볍게 접어 올려놓는다. 냅킨은 구겨놓지 않고 단정하게 접어두며, 이것이 식사가 끝났다는 무언의 신호가 된다. 만약 동석한 여성이 외투를 맡겼다면, 일어나기 전에 외투를 챙겨주고 입도록 도와주는 것이 신사적인 태도로 간주된다. 마지막 인사도 정중하게 건네며 자리를 마무리하는 것이 성숙한 식사 매너이다.

5.2 식사에 어울리는 술의 종류

격식 있는 서양식 식사에서는 식사 전·중·후에 따라 술의 종류가 달라진다. 이는 단순한 음주가 아니라, 음식의 맛을 더 풍부하게 느끼고 식사 경험을 완성하는 문화적 요소이기도 하다.

1) 식전주(Aperitif)

식전주는 식사가 시작되기 전에 마시는 술로, 입맛을 돋우고 분위기를 부드럽게 만드는 역할을 한다. 도수가 높지 않고 상쾌한 향이 나는 술이 대부분이다. 대표적으로는 셰리(Sherry), 버무스(Vermouth), 샴페인, 마티니(Martini), 맨하탄(Manhattan), 맥주 등이 있다. 대화를 열고 긴장을 풀기에 적합한 음료로, 가벼운 스낵과 함께 제공되기도 한다.

2) 식중주(Table Wine)

식중주는 식사와 함께 곁들이는 술로, 보통 와인이 중심이 된다. 와인은 음식의 맛을 한층 더 깊게 만들어주며, 요리와의 조화를 고려해 선택한다.

와인을 마실 때는 색, 향, 맛의 순으로 즐긴다. 잔을 살짝 기울여 색을 확인하고, 가볍게 잔을 돌려 향기를 맡은 다음, 입에 머금고 천천히 굴리듯 마신다.

레드 와인은 포도 껍질째 발효해 진한 색과 풍부한 향을 지니며, 붉은색 육류 요리와 잘 어울린다. 대표 품종에는 카베르네 소비뇽, 메를로, 피노 누아가 있으며, 실온(18~21℃)에서 즐긴다.

화이트 와인은 껍질을 제거한 포도로 만든 밝은 색의 와인으로, 해산물이나 흰색 육류 요리에 적합하다. 샤도네이, 소비뇽 블랑, 리슬링 등이 대표 품종이며, 차갑게(5~10℃) 마시는 것이 일반적이다.

3) 식후주(Digestif)

식후주는 식사 후 소화를 돕기 위한 술로, 향이 강하고 도수가 높은 것이 특징이다. 일반적으로 브랜디, 위스키, 리큐르 등이 식후주로 제공된다. 브랜디는 포도주, 사과주 같은 과실주를 증류한 술로, 일반적으로 오크통에서 숙성되며 풍부한 향과 깊은 맛이 특징이다. 프랑스의 코냑(Cognac)이 대표적이며, 잔을 손바닥으로 감싸 온도를 살짝 높여 향을 끌어올린 뒤 천천히 음미한다. 때로는 커피에 첨가해 마시기도 한다.

리큐어는 증류주에 과일, 약초, 향신료 등을 혼합해 만든 달콤한 술로, 원래는 약용으로 개발되었으나 현재는 디저트처럼 즐기기도 한다. 알코올 도수는 다양하며, 얼음을 띄우거나 칵테일로 만들어 마시는 경우도 많다.

대표적인 리큐어로는 프랑스 수도원에서 제조된 베네딕틴(Benedictine D.O.M.), 샤르트뢰즈(Charteuse)가 있으며, 그 외에 쿠앵트로(Cointreau), 드람부이(Drambuie), 크렘 드 멘트(Crème de menthe) 등이 있다. 식후주는 천천히 음미하면서 식사의 여운을 즐기는 데 적합하며, 커피와 함께 제공되기도 한다.

이처럼 식사의 흐름에 따라 술의 종류를 바르게 선택하고, 그에 맞는 음용 예절을 지키는 것은 품격 있는 식문화의 일부이다. 식사에 어울리는 술을 이해하고 활용할 수 있다면, 국제적인 식사 자리에서도 한층 여유롭고 세련된 인상을 남길 수 있다.

6 와인의 이해와 매너

6.1 와인 매너의 기본

와인은 단순한 음료가 아닌, 식탁 위의 품격과 문화를 보여주는 중요한 요소다. 와인을 즐길 때는 그에 맞는 예절과 사용 방법을 숙지하는 것이 필요하다.

와인은 종류에 따라 잔의 형태가 다르며, 하나의 잔에 서로 다른 종류의 와인을 섞는 것은 예의에 어긋난다. 서빙 받을 때는 잔을 직접 들지 않으며, 잔의 줄기(stem) 부분만 가볍게 잡고 기다리는 것이 바람직하다. 과도한 양을 한 번에 따르기보다는, 적절한 양을 담아 천천히 마시는 것이 좋은 매너다.

와인을 마시기 전에는 우선 그 색과 윤기를 살펴본다. 이후 잔을 부드럽게 돌려 향기를 음미하고, 소량을 입에 머금어 혀 위에서 천천히 굴려보며 맛을 본다. 풍부한 와인의 맛은 단맛, 신맛, 떫은맛의 균형에서 비롯된다. 따라서 와인은 빠르게 마시는 음료가 아니라, 시간을 들여 천천히 향과 맛을 즐기는 음료임을 기억해야 한다.

잔을 너무 기울이거나 들이켜는 방식은 피하며, 자연스럽고 우아한 자세로 와인의 향을 느끼고 대화를 이어가는 것이 서양식 테이블 매너의 핵심이다.

6.2 와인 라벨의 이해

와인을 선택할 때 라벨을 읽고 해석할 수 있다면, 더 나은 선택을 하는 데 큰 도움이 된다.

라벨에는 와인의 정체성과 품질을 나타내는 다양한 정보가 담겨 있다.

- 원산지: 포도가 자란 지역은 와인의 향과 맛에 큰 영향을 준다. 프랑스, 이탈리아, 칠레, 미국 등 다양한 국가 이름이나 지역명이 라벨에 기재되어 있으며, 특정 지역의 포도밭 명칭은 와인의 신뢰도를 높여주는 요소로 작용한다.

• 빈티지(Vintage): 라벨에 표시된 숫자는 포도가 수확된 연도를 뜻한다. 같은 품종의 와인이라도 해마다 기후나 토양 상태에 따라 맛이 달라질 수 있으며, 숙성 기간과 보관 상태에 따라 품질이 변한다.

• 생산자 또는 브랜드명: 와인을 만든 양조장 혹은 생산자의 이름이 명시되어 있다. 프랑스의 샤토(Château), 도멘(Domaine), 미국의 빈야드(Vineyard)처럼 브랜드는 품질과 전통을 함께 나타내는 지표로 볼 수 있다.

라벨의 의미를 이해하면 단순한 소비를 넘어서 와인을 문화적 감각으로 접근할 수 있게 된다.

〈프랑스 포도주의 라벨〉

사진출처: https://namu.wiki/w/%ED%8F%AC%EB%8F%84%EC%A3%BC/%EC%9A%A9%EC%96%B4

• 1(포도주의 이름): 샤토 마르삭 세귀뇨(Château Marsac Seguineau)
• 2(등급 표시): 크뤼 부르주아 급
• 3(생산 지역): 보르도의 마고
• 4(AOC): 마고(Margaux) 원산지
• 5(빈티지): 포도 수확연도
• 6(생산자 주소)

- 7(소유주): 포도주 양조장의 소유주
- 8(병입 주체): 포도주 병입 작업 회사와 대표 작업자의 이름
- 9(알코올 도수)
- 10(용량)
- 11(생산 국가)
- 12(레콜테(Récolte)): 수확(harvest)이라는 뜻으로 빈티지와 같은 내용을 표기
- 13(병입 번호): 병입한 포도주의 번호
- 14(수상 기록): 각종 포도주 대회의 수상 경력 및 기록
- 15(생산 코드): 생산 관리와 유통 경로 등의 추적을 위해 사용하는 코드

이 외에 포도주에 사용된 포도 품종/비율을 표기하기도 한다.

6.3 와인의 올바른 보관 방법

아무리 좋은 와인이라도 보관 상태가 나쁘면 맛과 향이 손상될 수 있다. 와인의 품질을 유지하려면 다음과 같은 보관 조건을 지켜야 한다.

- 온도와 습도 유지: 와인은 대체로 10~15℃의 서늘한 온도에서, 55~75%의 적정 습도 환경에서 가장 잘 보관된다. 급격한 온도 변화나 지나치게 건조한 환경은 와인의 품질에 악영향을 줄 수 있다.
- 수평 보관: 코르크 마개가 마르지 않도록 병을 눕혀 보관하는 것이 원칙이다. 코르크가 마르면 공기가 병 안으로 들어가 산화를 유발할 수 있다.
- 빛 차단: 햇빛이나 형광등처럼 강한 빛은 와인의 맛을 쉽게 변질시킨다. 와인은 어둡고 통풍이 잘 되는 곳에 보관해야 하며, 와인 전용 냉장고를 사용하는 것이 가장 이상적이다.
- 가정 내 보관 요령: 와인 냉장고가 없다면, 햇볕이 들지 않는 북향의 방이나 다용도실처럼 서늘한 장소를 활용할 수 있다. 보관 장소는 진동이

없고, 온도가 일정하게 유지되는 곳이 좋다.

- 개봉 후 보관: 병을 연 후에는 산화가 빠르게 진행되므로 3~5일 이내에 마시는 것이 가장 좋다. 와인 스토퍼, 와인 세이버 등의 도구를 사용하면 공기 유입을 줄여 보관 기간을 조금 더 늘릴 수 있다.

학습내용 요약

1. 식사 전에는 예약을 하고, 복장을 갖추어 지정된 자리에 바르게 착석한다. 냅킨은 모두 앉은 뒤 무릎 위에 펼치고, 입이나 손을 가볍게 닦는 데 사용한다. 포크와 나이프는 바깥쪽부터 사용하며, 오른손에 나이프, 왼손에 포크를 든다.
2. 전채요리, 수프, 샐러드, 생선요리, 육류, 디저트 순으로 코스가 진행되며 음식에 맞는 매너와 식기 사용이 필요하다.
3. 식사 중에는 소리를 내지 않으며, 대화는 조용히 나눈다.
4. 식사 중 제공되는 술은 식전주, 식중주, 식후주로 나뉘며, 와인은 음식과 어울리게 천천히 음미한다.
5. 식후에는 팁을 전하고 냅킨을 테이블 위에 올려두고 정중히 자리를 떠난다.

테이블 매너는 타인을 배려하며 즐거운 식사를 위한 기본 예절이다.

생각 나누기

1. 당신은 술을 마시지 않지만, 식사 자리에서 와인을 권유받습니다. 상대는 "와인을 거절하면 실례"라고 말합니다. 당신은 술 권유가 '매너'라고 생각합니까, '개인의 선택 존중'이 우선되어야 한다고 생각합니까?

2. 친구가 고급 레스토랑에서 스테이크 익힘 정도(미디엄 → 웰던)가 맞지 않다며 "이걸 돈 받고 팔 수 있어?"라며 직원에게 항의합니다. 주변 손님과 직원 모두 긴장하는 분위기입니다. 당신은 일행의 불만을 이해하면서도, 매너를 지키며 상황을 조율하려면 어떻게 행동하시겠습니까?

3. 유럽 여행 중 레스토랑에 들어가자, 직원이 인사를 하지 않고 다른 손님을 먼저 응대합니다. 말도 짧고 표정도 무례합니다. 일행은 "우리가 아시아인이어서 차별받는 것 같다"고 말합니다. 당신은 이 상황에서 어떤 감정을 느끼고, 어떻게 대응하시겠습니까? 매너 있는 여행자로서, 차별을 받았을 때의 태도는 어디까지 침착해야 하고, 어떻게 항의할 수 있다고 생각하십니까?

CHAPTER

11

한국 · 일본 · 중국의 테이블 매너와 음주 문화

제11장 한국·일본·중국의 테이블 매너와 음주 문화

한국, 일본, 중국 등 동아시아의 식사 문화는 단순히 음식을 먹는 행위 그 이상이다. 식사 예절은 상대를 존중하는 태도이자, 한 사람의 인격과 배려심을 보여주는 문화적 기준이 된다. 식사 중의 행동, 음식을 대하는 태도, 술을 나누는 방식 등을 통해 사람의 사회적 감각과 성숙도를 엿볼 수 있다. 이번 장에서는 한국, 일본, 중국의 기본적인 테이블 매너와 음주 문화에 대해 살펴보며, 다양한 자리에 실수 없이 어울릴 수 있는 식사 예절을 익혀보자.

1 한식 문화와 테이블 매너

1.1 한식 문화의 이해

한국의 식문화는 농경 중심의 생활 방식 속에서 발전했다. 한국을 비롯한 동아시아 국가들은 끼니마다 주식과 부식을 구분해 식사를 구성하는 특징이 있다. 주식은 밥처럼 배를 채우는 곡물 요리를 말하고, 부식은 고기, 채소, 생선 등으로 만든 반찬을 의미한다.

한국 식사는 일반적으로 국물 요리와 밥, 다양한 반찬으로 구성되며, 입 안에서 여러 맛이 조화를 이루는 독특한 식문화를 형성해왔다. 쌀과 보리가 중심이 된 식사는 한국의 벼농사 중심의 기후 조건을 반영한다. 또한 발효 음식인 된장, 간장, 고추장은 콩을 활용한 전통 식재료이며, 바다에 둘러싸인 지형적 특성 덕분에 어패류와 해조류도 풍부하게 활용된다.

김치, 나물, 찌개, 구이, 전 등 다양한 조리 방식은 한국 음식의 풍성함을 보여주며, '음식은 곧 약이다'라는 전통적 인식은 제사나 명절 음식에도 영향을 끼쳤다. 국물 음식은 고대 중국의 영향을 받아 조선시대까지도 식사의 중심에 있었다.

1.2 한식의 상차림 방식

한식의 상차림은 상황과 인원수에 따라 달라진다.

반상은 일상적인 식사 방식으로, 밥, 국, 김치, 반찬이 기본이다. 어린이는 '밥상', 어른은 '진지상', 왕은 '수라상'이라고 불렀다. 교자상은 여러 명이 둘러앉아 음식을 나누는 상차림으로, 생일, 혼례, 회갑 등 행사 때 사용된다. 겸상은 전통적으로는 독상이 원칙이었지만, 오늘날에는 두세 명이 함께 앉는 겸상 문화가 일반화되었다. 인원 수에 따라 두겸상, 세겸상 등으로 부르기도 한다.

〈한식 반상〉

사진출처: https://contents.history.go.kr/front/km/view.do?levelId=km_012_0070_0040_0010

1.3 한식의 식사 예절

1) 식사 전

식사를 시작하기 전에는 손을 씻는 것이 기본 예절이며, 물수건은 손만 닦고 다른 용도로는 사용하지 않는다. 자리에 앉을 때는 방석을 밟지 않고 바른 자세를 유지하며, 손윗사람이 먼저 수저를 들기 전까지는 기다리는 것이 예의다. 또래끼리 식사할 경우 손님에게 먼저 권하는 것도 배려이다.

2) 식사 중

반찬을 한꺼번에 여러 개 집거나 뒤적이는 행동은 삼가야 한다. 음식을 소리 내어 먹지 않으며, 입에 음식이 있을 때는 말을 삼가고 대화는 조용히 이어간다. 숟가락과 젓가락은 동시에 들지 않고, 그릇 가장자리를 더럽히지 않도록 주의한다.

밥그릇과 국그릇을 손에 들고 먹지 않으며, 함께 먹는 음식은 접시에 덜어 먹는다. 초장이나 고추장도 개인 접시에 덜어 사용하는 것이 예의다. 식사 중 전화를 받거나 자리를 뜨는 행동은 좋지 않은 인상을 줄 수 있다.

3) 식사 후

식사를 마친 후에는 수저를 가지런히 놓고 자리를 정돈한다. 함께 식사한 사람이 다 먹을 때까지 기다리는 태도도 중요하다. 식사를 준비한 사람에게 “잘 먹었습니다”라고 감사 인사를 전하는 것도 예의다. 공공장소에서는 이쑤시개 사용을 자제하며, 꼭 필요할 경우에는 다른 사람의 시선을 피하도록 한다. 여성의 경우 식사 자리에서 화장을 고치지 않고 화장실을 이용하는 것이 바람직하다.

후식은 보통 식사 후 따로 제공되며, 전통 후식인 수정과, 식혜 외에도 커피, 차, 아이스크림 등도 함께 제공된다. 후식 시간은 간단한 대화를 나누는 시간으로 활용하되, 너무 길어지지 않도록 조절하는 것이 좋다.

1.4 한국의 음주 매너

한국의 술자리는 단순한 음주가 아니라 인간관계를 다지는 자리로 여겨진다. 술은 연장자나 상급자에게 먼저 따르는 것이 예의이며, 잔을 받을 때는 두 손으로 공손히 받는다. 건배할 때는 윗사람의 잔보다 낮게 들어야 하며, 술을 마실 때는 고개를 살짝 돌려 마시는 것이 예의다.

타인에게 술을 권할 때는 상대방의 의사를 존중해야 하며, 억지로 권하지 않는 것이 중요하다. 술을 마시지 못하는 경우에는 정중하게 거절의 뜻을 밝히는 것이 좋다. 이처럼 한국의 음주 예절은 겉모습이 아니라, 상대방에 대한 배려와 존중을 표현하는 문화적 태도라고 할 수 있다.

2 일식 문화와 테이블 매너

2.1 일본 음식문화의 이해

일본은 사계절이 뚜렷하고 해안선이 발달한 섬나라이기 때문에, 신선한 해산물과 계절감을 살린 요리가 풍부하다. 일본 요리는 전반적으로 담백한 맛을 강조하며, 음식의 양은 적지만 색감과 모양을 중요시한다. 시각적인 아름다움을 중시하는 문화가 반영되어 있으며, 대부분 1인 개별 상차림으로 제공된다. 식사할 때는 바른 자세로 앉아 조용하게 먹는 것이 기본 예절이다.

2.2 일본의 전통 상차림 — 가이세키 요리(会席料理)

가이세키 요리는 일본의 대표적인 고급 코스요리로, 계절의 흐름에 따라 정성스럽게 준비된 다양한 요리를 순차적으로 제공하는 방식이다. 전통적인 혼젠요리가 간소화되어 현대적으로 발전한 형태로, 료칸이나 결혼식, 연회에서 자주 볼 수 있다.

가이세키 요리는 주방장의 창의력과 기술이 돋보이는 요리로, 재료의 맛뿐만 아니라 음식이 담기는 그릇, 장식, 제공 순서까지 섬세하게 고려된다. 구성은 보통 '1즙 3채(국 1, 반찬 3)'를 기본으로 하며, 2즙 5채, 2즙 9채 등으로 확장될 수 있다.

1) 전채요리(사키즈케)

식전 안주로, 식전주와 함께 제공되며 계절을 반영한 한 입 크기의 요리가 담긴다. 한 번 베어 문 음식은 접시에 놓지 않고, 필요한 경우 젓가락으로 잘라가며 먹는다.

2) 국물요리(스이모노)

맑은 국물 요리로, 회가 나오기 전에 입과 속을 따뜻하게 준비한다. 먹은 후 뚜껑은 비스듬히 덮는다.

3) 생선회(오즈쿠리)

흰살 생선을 먼저, 붉은 살 생선을 나중에 먹는다. 겨자와 간장을 조금만 찍어 신선한 맛을 살려야 하며, 접시를 손에 들고 조심스럽게 먹는다.

4) 구이요리(야키모노)

제철 생선이나 육류를 직화로 구운 요리. 생선은 뒤집지 않고 뼈를 발라 먹으며, 새우는 손으로 분리 후 젓가락으로 먹는다.

5) 조림요리(니모노)

제철 채소와 어패류를 간장 등으로 조리한 요리로, 요릿집의 수준을 가늠할 수 있는 중요한 메뉴다.

6) 튀김요리(아게모노)

덴푸라나 스아게 등 다양한 방식의 튀김이 제공된다. 무간장에 찍어 먹으며 레몬을 뿌려 먹기도 한다.

7) 찜요리(무시모노)

차완무시(계란찜)가 대표적이며 다양한 재료를 활용한다.

8) 절임요리(스노모노)

식초로 양념한 초회 요리로, 입안을 산뜻하게 해주는 역할을 한다.

9) 식사(쇼쿠지)

밥과 된장국이 제공되며, 지역에 따라 스시나 메밀국수로 대체되기도 한다. 초밥은 손으로 먹으며 생선이 아래로 향하도록 입에 넣는다.

〈최고급 가이세키 요리 한상차림〉

사진출처: https://lookin.tistory.com/104

10) 디저트(미즈가시)

제철 과일이나 수분을 머금은 화과자가 제공된다. 식사의 마무리로 담백하고 깔끔한 인상을 남긴다.

2.3 일본의 음주 매너

일본의 술 문화는 정종, 사케, 위스키, 맥주 등 다양하며, 정종은 도자기 술병에 담아 데우거나 차게 마신다. 술을 따를 때는 손등이 위로 가도록 병을 잡고 따르며, 잔에 술이 남아 있어도 첨잔하는 것이 자연스럽다. 잔이 비어 있는 상태를 오래 두는 것은 실례가 될 수 있다.

일본에서는 잔을 돌려 마시는 문화가 없으며, 초면에 자신의 잔을 권하는 것도 피하는 것이 좋다. 음주 중에는 억지로 권하지 않으며, 잔을 가리거나 더 이상 마시지 않겠다는 뜻을 조용히 표현하는 방식이 보통이다. 단, 잔을 뒤집는 행동은 관계를 끊자는 의미로 해석될 수 있으므로 삼가야 한다.

술자리에서는 여성이 남성의 잔에 술을 따르는 것이 예의로 여겨지기도 하지만, 문화 차이에 따라 이해를 구할 수 있다. 건배는 한 번만 하고 반복하지 않으며, 원샷 문화도 일반적이지 않다. 이처럼 일본의 음주 문화는 조용하고 절제된 분위기 속에서 서로를 배려하며 즐기는 특징이 있다.

3 중식 문화와 테이블 매너

3.1 중식 문화의 특징

중국은 광활한 영토와 다양한 자연환경, 오랜 역사 속에서 독자적인 음식 문화를 발전시켜 왔다. 이미 2,000년 전부터 요리에 대한 전문서적이 존재했으며, 대표적으로 6세기경의 『식경(食經)』은 오늘날까지 전해질 만큼 깊은 전통을 지닌다.

중국 요리는 단순히 배를 채우는 데 그치지 않고, 색·향·맛·영양을 두루 갖춘 조리 방식을 중시한다. 풍부한 향신료와 다양한 소스의 사용은 중국 음식 특유의 깊은 맛을 만들어낸다. 조리법 역시 볶기, 찌기, 굽기, 튀기기, 졸이기 등 매우 다양하다.

중식의 또 다른 특징은 자유롭고 즐거운 분위기 속에서 여럿이 함께 음식을 나누는 데 있다. 전통적으로 젓가락과 숟가락을 함께 사용하며, 공용 접시의 음식을 함께 먹는 문화가 발달해 있다. 이 점은 한국의 식문화와도 유사하다.

중국은 지역에 따라 음식의 특색이 뚜렷하게 나뉜다. 북방 지역은 밀가루 음식, 예를 들어 면과 만두가 많고, 남방은 쌀밥과 담백한 요리가 중심이 된다. 서부 지역은 향신료가 강한 요리가, 동부는 해산물을 중심으로 한 음식이 발달해 있다.

이처럼 다양한 음식문화는 중국을 대표적인 세계 음식 강국으로 자리매김하게 했으며, 세계 어느 곳에서도 쉽게 중식을 접할 수 있을 만큼 널리 퍼져 있다.

3.2 지역별 음식의 특징

중국 요리는 지역에 따라 맛과 재료, 조리법이 크게 다르며, 그 자체로 각 지역의 기후, 역사, 식습관을 반영한다.

1) 북경요리

북경요리는 오랜 시간 중국의 수도였던 북경 지역에서 발달한 대표적인 국가 요리다. 추운 북부 기후에 맞춰 고열량·고지방 음식이 많으며, 튀김과 볶음처럼 강한 화력을 이용한 조리법이 특징이다. 궁중요리의 전통이 남아 있어 음식이 정갈하고 화려하게 차려지며, 대표 메뉴로는 북경오리, 양고기 통구이, 물만두, 면 요리 등이 있다. 특히 북경오리는 바삭한 껍질과 부드러운 속살이 조화를 이루며, 얇은 밀전병에 파, 오이, 된장 등을 곁들여 싸 먹는 방식이 유명하다.

〈북경요리, 베이징덕〉

사진출처: https://namu.wiki/w/%EB%B6%81%EA%B2%BD%20%EC%98%A4%EB%A6%AC%20%EA%B5%AC%EC%9D%B4

2) 사천요리

사천요리는 중국 내륙 지역인 양자강 상류의 사천 지방에서 발달했으며, 일교차가 크고 습한 기후로 인해 자극적인 맛을 선호하게 되었다. 마늘, 고추, 파, 산초 등을 활용한 맵고 얼얼한 맛이 특징이며, 저장식품과 채소 요리도 풍부하다. 짜사이(중국식 김치)가 지역 특산물로 유명하며, 대표 요리로는 마파두부, 산라탕, 새우칠리, 누룽지 튀김이 있다. 사천요리는 '마라(麻辣)'라고 불리는 얼얼하면서도 매운 풍미로 세계적인 인기를 끌고 있다.

〈사천요리, 마파두부〉

사진출처: https://ko.wikipedia.org/wiki/%EC%93%B0%EC%B4%A8_%EC%9A%94%EB%A6%AC#/media/%ED%8C%8C%EC%9D%BC:Mapodoufu.jpg

3) 광동요리

광동요리는 중국 남부 연안의 광주 지역에서 발달했으며, 해산물과 신선한 채소를 활용한 담백한 맛이 특징이다. 조리법은 튀김보다는 볶음과 찜이 많고, 전분을 사용한 소스를 곁들여 깔끔하면서도 감칠맛을 더한다. 식재료 본연의 맛을 살리는 조리를 중요시하며, 대표 요리로는 딤섬, 팔보채, 광동식 탕수육, 상어지느러미찜, 볶음밥이 있다. 딤섬 문화는 아침부터 점심까지 다양한 종류의 간단한 요리를 차와 함께 즐기는 '얌차(飮茶)' 문화로 발전하였다.

〈광동요리, 딤섬〉

사진출처: https://namu.wiki/w/%EA%B4%91%EB%8F%99%20%EC%9A%94%EB%A6%AC

4) 상해요리

상해요리는 양자강 하류 지역의 따뜻한 기후와 풍부한 해산물을 바탕으로 발전한 요리로, 간장과 설탕, 녹말 등을 활용해 진한 풍미와 단맛이 조화를 이루는 것이 특징이다. 해산물 요리와 면 요리가 다양하며, 대표적인 음식으로는 오향우육, 홍소육 등이 있다. 대체로 음식의 맛이 진하고 기름기가 많은 편이며, 달짝지근한 맛을 선호하는 지역 특성이 음식 전반에 반영되어 있다. 상해는 소형 만두 안에 국물이 들어 있는 샤오롱바오로도 유명하다.

〈상해요리, 홍소육(紅燒肉): 돼지고기 간장 조림〉

사진출처: http://www.lampcook.com/food_story/worldfood_story_view.php?idx_no=6-3

3.3 중식 매너

중국에서는 식사를 단순한 생리적 행위가 아니라 중요한 사교의 수단으로 여긴다. 손님을 식사 자리에 초대하는 것은 신뢰와 우정의 표현이며, 이러한 자리에 초대받은 사람은 반드시 예의를 지켜야 한다.

중식에서는 대부분 젓가락을 사용하며, 여러 사람이 함께 식사할 수 있도록 원형 회전식 식탁을 사용하는 경우가 많다. 음식은 공동 접시에 담겨 나오며, 식탁 중앙의 회전판을 시계 방향으로 돌려 필요한 음식을 각자의 접시에 덜어 먹는다. 이때는 반드시 공용 젓가락이나 서빙용 스푼을 사용해야 하며, 개인 젓가락을 공동 음식에 사용하는 것은 무례한 행동으로 간주된다.

좌석 배치에서도 예절이 있다. 입구에서 가장 먼 자리가 가장 높은 지위의 손님이 앉는 상석이고, 주최자는 보통 출입문 가까운 자리에 앉아 손님을 접대한다. 부부 동반 시에는 남성이 왼쪽, 여성이 오른쪽에 앉는 것이 일반적인 배치다.

식사는 주인의 권유가 있은 후 시작하는 것이 예의이며, 처음부터 많은 양을 덜기보다는 적당히 담아 조금씩 여러 번 나누어 먹는 것이 바람직하다. 국물이 있는 탕류는 공용 수저로 개인 접시에 덜어 먹고, 생선은 꼬리부터 먹되, 통째로 나온 생선이나 닭은 뼈를 바꾸지 않고 그대로 조심스럽게 발라 먹는다.

중국 식사 자리에서는 옆 사람의 접시를 살피고 음식을 덜어주는 것이 좋은 매너로 여겨진다. 자신이 더 먹고 싶을 경우에는 먼저 다른 사람에게 권한 뒤 덜어오는 것이 격식 있는 행동이다.

또한 식사 후 접시 위에 소량의 음식을 일부러 남기는 것이 예의로 여겨진다. 이는 음식이 넉넉히 제공되었고, 만족스러운 식사였다는 의미를 전달하는 방식이다. 반면 음식을 깨끗이 비우는 것은 부족했다는 인상을 줄 수 있어 주의를 요한다.

식사 중 숟가락을 물에 헹궈 후식에 다시 사용하는 경우도 있으며, 낡은 식기나 오래된 그릇이 사용될 수 있는데 이는 전통과 손님에 대한 존중의 표현이므로 오해하지 않도록 주의해야 한다. 이런 문화적 차이를 이해하고 존중하는 태도는 국제적인 식사 자리에서 매우 중요하다.

3.4 중국의 음주 매너

중국에서는 풍요와 성의를 상징하는 의미로, 술잔이 비기 전에 술을 다시 채우는 첨잔 문화가 발달해 있다. 잔에 술이 남아 있더라도 가득 채워주는 것이 예의이며, 이는 상대방에 대한 존중과 환대를 표현하는 방식이다. 술을 받은 사람은 자기 잔은 스스로 채우는 것이 일반적이며, 이는 한국과의 큰 차이점 중 하나다.

술을 따를 때 자기 잔을 사용하는 것은 무례로 여겨지며, 잔을 돌려가며 술을 나누는 행동도 피해야 한다. 회전식 식탁을 활용해 잔을 상대방 쪽으로 돌려 따라준 후 다시 제자리에 돌려놓는 방식이 선호된다. 이때 술을 받은 사람은 검지와 중지를 사용해 테이블을 가볍게 두드리는 것으로 감사를 표시한다. 이 예절은 청나라 건륭제 시절부터 이어진 전통이다.

건배할 때는 "깐(乾)"이라는 표현을 사용하며, 이는 술잔을 비운다는 의미를 담고 있어 가급적 원샷하는 것이 예의로 여겨진다. 음주가 어려운 경우에는 사전에 양해를 구하거나, 입술만 적시는 정도로 성의를 보이는 것이 좋다. 건배 제안은 지위가 높은 사람이 먼저 하는 것이 일반적이며, 술을 받으면 다시 따라주는 상호 존중의 태도가 요구된다.

'칭(請)'이라는 말과 함께 권유되는 술을 거절할 경우, 관계를 원하지 않는다는 뜻으로 오해받을 수 있으므로 유의해야 한다. 중국인은 음주 자체보다는 분위기와 관계 형성을 중시하기 때문에, 술을 함께 나누는 행위 자체가 중요한 의미를 가진다.

중국에서는 음주 중 취하거나 실수하는 것을 매우 부정적으로 보며, 자신의 주량을 조절하여 술자리를 깔끔하게 마무리하는 것이 예의로 여겨진다. 특히 중국의 전통주나 백주는 도수가 매우 높아 과음을 피하는 것이 중요하다. 음주 중에는 '주령(酒令)'이라 불리는 게임이나 말장난을 통해 분위기를 돋우기도 한다.

술을 거절할 때는 오른손으로 잔을 가볍게 가리는 동작으로 정중히 표현하며, 건배할 때는 반드시 상대방과 눈을 맞추는 것이 예의다. 반대로 고개를 돌려 술을 마시는 행동은 상대를 무시하는 것으로 받아들여질 수 있다.

중국에서는 차가운 술보다는 미지근하거나 따뜻한 술을 선호하는 편이다. 따라서 술이나 음료가 실온 상태로 제공되는 경우가 많으며, 얼음을 따로 요청해 차게 마시는 경우는 드물다. 중국인을 초대하거나 술을 대접할 때는 술의 온도와 제공 방식에 유의하는 것이 좋다.

4 한중일 젓가락 문화

한중일 삼국의 젓가락 문화는 각국의 식생활 방식과 식탁 구조에 따라 독자적으로 발전해 왔다. 젓가락의 기원은 약 3,000년 전 중국에서 시작되었고, 한국에는 약 1,800년 전, 일본에는 약 1,500년 전에 전해진 것으로 알려져 있다. 젓가락의 길이는 중국, 한국, 일본 순으로 점차 짧아지며, 이는 각국의 식사 방식과 조리문화의 차이를 반영한다.

한국은 밥과 국을 함께 먹는 식생활 특성상 숟가락과 젓가락을 함께 사용하는 문화가 정착되었다. 밥상은 비교적 소규모이고 반찬을 함께 나누어 먹는 공유 식문화가 중심이 되며, 젓가락에는 위생과 섬세함이 요구된다. 이에 따라 한국의 젓가락은 철제 소재로 만들어지는 경우가 많고, 얇고 납작한 형태로 정교한 집기에 적합하다. 금속 젓가락은 위생적이며 정밀한 동작이 가능하다는 장점이 있다.

중국은 음식의 조리법이 다양하고, 튀기거나 볶는 덩어리 음식이 많은 데다 식탁 규모가 크기 때문에 긴 젓가락을 사용한다. 회전식 식탁에서 멀리 있는 음식을 덜어 먹는 데 유리하도록 젓가락 길이가 긴 편이다. 끝은 둥글고 뭉

툭하며, 비교적 자유로운 사용 방식을 허용한다. 주로 대나무나 나무 재질이 사용되며, 일회용 플라스틱 젓가락이나 포크와 함께 사용하는 경우도 많다.

일본의 젓가락은 뾰족하고 짧은 것이 특징이다. 이는 생선 요리가 많고 섬세한 손질이 요구되는 식문화의 특성을 반영한다. 숟가락을 거의 사용하지 않으며, 젓가락만으로 밥, 국, 반찬을 모두 해결하는 식생활 구조를 갖고 있다. 젓가락 끝은 날카롭고 정교하며, 위쪽과 아래쪽의 굵기 차이가 있어 미세한 조작에 적합하다. 주로 나무 재질을 사용하며, 따뜻하고 부드러운 사용감을 선호한다.

한중일의 젓가락은 단순한 식도구를 넘어 각국의 음식 문화, 조리 방식, 식사 예절, 사회적 구조까지 반영하는 상징적인 도구라 할 수 있다. 젓가락 하나에도 각국의 문화와 생활양식이 스며 있으며, 이를 이해하는 것은 타문화를 존중하는 첫걸음이 된다.

학습내용 요약

1. 한식은 한상차림이 기본이며, 어른과의 식사에서는 조용히 식사하고, 반찬을 먹을 때는 다른 사람에게 피해가 가지 않도록 주의한다. 음주 시에는 윗사람에 대한 존중의 표현으로 상체를 돌려 마시거나 두 손으로 술을 따르는 등의 예절이 중요하다.
2. 일식은 계절감과 식재료 본연의 맛을 살리는 시각적인 요리가 특징이며, 1인분씩 개별 상차림이 제공된다. 국그릇을 들고 먹는 것이 일반적이며, 젓가락으로 상대방에게 음식을 건네는 것은 실례가 된다. 일본의 음주 예절에서는 첨잔을 긍정적으로 여기며, 여성이 술을 따르는 것이 센스 있는 행동으로 인식된다. 또한 잔을 돌려 마시지 않으며, 어른과 술을 마실 때 상체를 돌리지 않고 바로 마시는 것이 예의이다.
3. 중식은 회전식 테이블을 사용하는 것이 특징이며, 시계 방향으로 회전시켜 음식을 덜어 먹는다. 음식을 덜 때는 옆 사람의 접시도 살펴본 뒤 양보하는 자세를 보이며, 음식을 일부러 남기는 것이 풍족한 대접을 받았다는 의미로 받아들여진다. 중국의 주요 지역별 음식으로는 북경요리, 사천요리, 광동요리, 상해요리가 있으며, 각각 재료와 조리법, 맛의 특징이 다르다.

생각 나누기

1. 한국 친구가 일본에서 식사 중 국그릇을 들지 않고 먹으면서 불편하다고 합니다. 당신은 이 문화 차이를 어떻게 설명하고 조율하시겠습니까? 외국에서의 테이블 매너, 어디까지 맞추어야 할까요?

2. 친구가 회전식 테이블을 자신 쪽으로 오래 멈춰 놓고 음식을 덜어갑니다. 당신은 이런 상황에서 어떤 방식으로 친구에게 매너를 안내하겠습니까? 공용 식탁에서 배려란 무엇이라고 생각하십니까?

3. 중국에서는 음식을 조금 남기는 것이 예의라는 말을 들은 친구가, "음식 남기는 건 너무 아까워"라며 모두 먹으려 합니다. 당신은 문화적 배려와 음식물 낭비 사이에서 어떤 선택을 하겠습니까? 예의와 윤리의 기준은 문화마다 달라도 괜찮을까요?

CHAPTER

12

나라별 비즈니스 문화와 실전 매너

제12장

나라별 비즈니스 문화와 실전 매너

비즈니스는 단순히 계약을 체결하는 행위가 아니라, 서로 다른 문화를 이해하고 존중하는 데서 출발한다. 문화적 배경에 따라 비즈니스 방식은 크게 달라지며, 이를 제대로 이해하지 못하면 작은 오해가 큰 갈등으로 번질 수 있다. 이 장에서는 세계 주요 국가들의 비즈니스 문화와 예절을 비교하며, 문화적 차이를 이해하고 성공적인 커뮤니케이션 전략을 모색해 본다.

1 중국의 비즈니스 문화 이해

중국은 급속한 경제 성장을 이룬 사회주의 체제의 국가로, 독특한 비즈니스 관습과 예절을 이해하는 것이 중요하다. 남녀 간의 평등 의식이 강한 편이며, 직급 간 권위 의식은 비교적 낮아 사장과 직원, 운전기사가 함께 식사하는 것도 자연스럽다. 중국에서 '친구'라는 단어는 나이와 지위에 상관없이 알고 지내는 사람 모두를 의미할 수 있다.

비즈니스 상황에서는 성 뒤에 직함을 붙여 부르는 것이 일반적이며, 직함이 없을 경우 직업명을 붙이기도 한다. 상대방의 호칭은 직접 묻고 사용하는 것이 바람직하다. 인사는 보통 악수로 이루어지며, 상대가 먼저 손을 내밀 때까지 기다리는 것이 예의다. 회의나 미팅은 춘절, 청명절, 노동절, 국경절과 같은 주요 명절을 피해 일정을 잡는 것이 좋다.

1.1 중국의 커뮤니케이션 특징

중국과의 비즈니스 대화에서는 간단한 중국어 인사를 시도하면 좋은 인상을 줄 수 있다. 예를 들어, "식사하셨어요?"라는 말은 단순한 인사말로, "안녕하세요?"와 같은 의미이므로 가볍게 "네", 혹은 "감사합니다"라고 답하면 된다. 이처럼 일상적인 인사 표현이 실제 의미와 다를 수 있으므로, 문화적 맥락을 이해한 후 사용하는 것이 중요하다.

중국인은 전반적으로 스케일이 크고 추상적인 표현을 자주 사용하는 경향이 있다. "곧(馬上)"이라는 표현은 문자 그대로 '즉시'라는 의미지만, 실제로는 한참 후를 의미하는 경우도 많다. 따라서 중국인의 표현을 문자 그대로 받아들이기보다는, 구체적인 시간, 장소, 수량 등 실질적이고 명확한 정보를 반복적으로 확인하는 것이 필요하다.

중국과의 대화에서는 예의와 체면을 중시하는 문화적 특성을 이해하는 것이 중요하다. 대화 중 직접적인 반박이나 거절은 상대의 체면을 손상시킬 수 있으므로, 완곡한 표현이 자주 사용된다. 예를 들어, "아니요" 대신 "생각해 보겠다", "지켜보자", "현재로서는 어렵다"와 같은 표현이 사용되며, 긍정적인 표현 속에 부정적인 의미가 포함될 수 있다는 점을 유념해야 한다. "문제가 없다"는 말도 실제로는 문제가 있음을 암시할 수 있다.

중국인은 또한 '명확하게 말하지 않는 기술'을 대화의 미덕으로 여기기도 한다. 이는 직설적인 표현보다는 암시와 여지를 남기는 말을 선호하는 문화를 반영하며, 협상이나 거래에서 유연성과 융통성을 발휘하는 한편, 상대의 의중을 파악하려는 자세가 필요하다.

비즈니스 대화 주제 선택에도 주의가 필요하다. 정치 문제(문화대혁명, 대만, 티베트 등), 인권, 종교, 동물 보호 등 민감한 이슈는 피하는 것이 바람직하다. 대신 중국의 전통 예술, 문화유산, 자연경관, 음식 등에 관심을 보이면 좋은 인상을 줄 수 있으며, 상대방이 자부심을 느끼는 주제를 중심으로 대화를 이끌어가는 것이 효과적이다.

중국과의 비즈니스에서는 언어 외에도 '공감'과 '신뢰'가 핵심이다. 신속한 결과보다 신뢰 형성 과정을 중시하며, 한두 번의 만남으로 모든 것을 결정하지 않는 것이 일반적이다. 따라서 상대의 말과 행동을 면밀히 관찰하고, 일관된 태도로 성실하게 대화에 임하는 자세가 장기적인 관계 형성에 도움이 된다.

1.2 문화적 요소 이해

중국에서는 숫자, 인간관계, 일상 습관 등 비즈니스와 직접적으로 관련 없어 보이는 요소들까지도 문화적으로 중요한 영향을 미친다. 이러한 배경을 이해하면 보다 정교하고 성공적인 비즈니스 전략을 수립할 수 있다.

우선 숫자에 대한 문화적 선호는 매우 뚜렷하다. 숫자 8은 '발전하다'는 뜻의 한자 발(發)과 발음이 비슷하여 행운과 번영을 상징하는 숫자로 여겨진다. 따라서 호텔 객실 번호, 전화번호, 차량 번호판 등에 8이 포함된 숫자가 선호된다. 숫자 6도 '순조롭다(順)'는 의미와 연결되어 긍정적인 의미를 갖는다. 반면 숫자 4는 '죽음(死)'과 발음이 비슷하여 불길하게 여겨지며, 엘리베이터나 건물 층수에서 사용을 피하는 경우도 있다. 회의 일정, 계약 번호, 가격 설정 시에도 이러한 숫자 인식을 고려하는 것이 좋다.

'꽌시(关系)'는 중국 사회의 핵심 개념으로, 인간관계와 네트워크를 뜻한다. 이는 단순한 친분을 넘어서 신뢰를 기반으로 한 상호 도움과 의리를 포함하며, 비즈니스 관계에서도 큰 영향을 미친다. 계약서보다 사람 간의 관계와 약속을 더 중요하게 생각하는 경우도 많다. 처음부터 비즈니스 이야기를 꺼내기보다는 편안한 분위기 속에서 개인적인 대화를 나누며 관계를 형성해 나가는 것이 효과적이다. 과도한 칭찬보다는 상대의 역량이나 성과에 대해 객관적으로 인정하는 태도가 바람직하며, 가족 구성원에 대한 언급이나 과한 인사는 오히려 부담스럽게 느껴질 수 있다.

또한 중국에는 독특한 낮잠 문화가 존재한다. 점심시간 이후 낮잠은 헌법에 명시된 권리로 여겨질 만큼 중요한 생활 습관으로 자리 잡고 있으며, 대부분의 직장과 학교에서 12시부터 2시까지는 점심 식사와 함께 휴식 시간이 주어진다. 이 시간 동안은 전화나 미팅을 피하고 업무 일정도 고려하여 조율하는 것이 예의다. 이 시간을 존중하지 않으면 무례하게 받아들여질 수 있으므로 특히 주의해야 한다.

이처럼 숫자, 관계 중심의 문화, 일상 습관 등은 중국의 비즈니스 환경에서 간과할 수 없는 요소이며, 이러한 문화적 코드를 이해하고 존중하는 태도는 신뢰 형성과 성공적인 협력의 기반이 된다.

1.3 중국의 비즈니스 선물 문화

중국에서는 선물을 단순한 물질적 교환이 아니라 관계 형성과 신뢰 구축의 수단으로 여긴다. 비즈니스 관계를 시작하거나 중요한 만남이 있을 때, 작지만 정성 어린 선물을 준비하는 것이 상대방에 대한 예의이며, 이는 우호적인 관계를 발전시키는 문화적 표현으로 받아들여진다.

선물은 가능하면 직접 전달하는 것이 좋으며, 포장 색상은 붉은색이나 황금색처럼 행운과 번영을 상징하는 색이 적절하다. 붉은색은 긍정적 에너지와 기쁨, 황금색은 부와 권위를 의미하기 때문에 선물의 첫인상을 좋게 만든다. 반면 흰색과 검정색은 장례와 관련된 색으로 여겨져 피하는 것이 바람직하다.

선물은 고가이거나 과도하게 사적인 것은 지양하고, 품위 있고 실용적인 물건이 적절하다. 상대의 직무나 관심사를 고려하여 고급 볼펜, 넥타이핀, 건강식품(예: 인삼, 홍삼), 한국의 전통 공예품, 지역 특산물 등이 무난한 선택이다. 특히, 선물로 시계를 주는 것은 '종말'이라는 의미와 발음이 비슷하여 불길하게 받아들여지고, 우산이나 신발도 '헤어진다'는 의미를 연상시켜 금기시된다.

선물의 개수 또한 고려해야 한다. 짝수 개수, 특히 8이라는 숫자는 '발전(發展)'과 발음이 비슷해 매우 선호된다. 반면, 4는 '죽음(死)'과 유사한 발음으로 인해 피하는 것이 좋다. 실제로 휴대폰 번호나 자동차 번호판에 숫자 8이 포함된 번호는 프리미엄 가격에 거래되기도 하며, 이러한 숫자 선호는 일상생활과 비즈니스 전반에 깊이 스며들어 있다.

선물을 전달할 때는 반드시 양손으로 공손히 건네는 것이 예의이며, 선물을 받은 사람은 바로 포장을 뜯지 않고 감사 인사만 전하는 것이 일반적인 매너다. 이는 선물의 실질적인 가치보다는 주는 사람의 정성과 마음을 중요시하는 문화적 특징에서 비롯된다.

중국에서는 선물이 관계 형성의 일환으로 여겨지기 때문에, 비록 사소한 것이라도 진심이 담긴 선물을 지속적으로 표현하는 것이 중요하다. 비즈니스 초기 단계에서는 공식적인 선물 교환을 자제하지만, 관계가 깊어지면 명절, 기념일, 행사 등을 계기로 선물을 주고받는 것이 자연스러운 관행이다.

단, 정부기관, 국영기업 등과의 비즈니스에서는 고가의 선물이 부정청탁이나 뇌물로 오해받을 수 있으므로 각별한 주의가 필요하다. 이 경우에는 기념품 형식의 실용적인 물건을 준비하거나, 인보이스와 함께 투명한 절차로 전달하는 것이 바람직하다. 비즈니스 목적을 명확히 밝히고 감사의 표현으로 전달해야 오해를 방지할 수 있다.

2 일본의 비즈니스 문화와 매너

일본과 비즈니스 관계를 맺을 때는 '시간 엄수'와 '예의'가 가장 중요한 가치로 여겨진다. 약속 시간을 정확히 지키는 것은 신뢰를 형성하는 기본이 되며, 자료 제출이나 회의 시간도 철저히 준수해야 한다. 회의는 보통 2주 전부터 일정을 조율하는 것이 바람직하며, 약속 시간보다 5~10분 일찍 도착하는 것이 일반적인 매너로 간주된다. 지각이나 갑작스러운 일정 변경은 매우 무례한 행위로 여겨질 수 있다.

2.1 일본의 비즈니스 문화

일본의 비즈니스 환경에서는 '호렌소(報連相)'라는 개념이 중요하게 여겨진다. 이는 보고(報告), 연락(連絡), 상담(相談)을 뜻하며, 직장 내에서 원활한 의사소통과 조직 내 협업의 기본으로 간주된다. 보고는 간결하고 정확하게, 연락은 신속하고 차분하게, 상담은 구체적으로 진행하는 것이 원칙이다. 이러한 소통 방식은 상사와 동료 간의 신뢰를 쌓는 데 기여하며, 개인보다는 조직을 중심으로 움직이는 일본 특유의 집단주의 문화를 반영한다.

호칭 사용에도 철저한 예절이 있다. 상대방을 부를 때는 '성+상(さん)'의 형식을 따르는 것이 기본이며, 직책이 있을 경우에는 '부장', '과장' 등 직책을 함께 붙이는 것이 일반적이다. 거래처 인사나 상사에게는 반드시 존칭을 사용해야 하며, 이름만 부르거나 호칭을 생략하는 것은 매우 무례하게 받아들여질 수 있다. 특히 비즈니스 관계에서는 상대방의 직급, 연령, 성별 등을 고려하여 최대한 공손하게 대화하는 것이 중요하다.

일본의 비즈니스 문화는 전체적으로 형식과 절차, 세심한 배려를 중시하는 경향이 있으며, 침착하고 정중한 태도, 일관된 복장, 깔끔한 문서 작성 등 세부적인 부분까지 신뢰 형성의 요소로 작용한다. 따라서 일본과의 비즈니스를 준비할 때는 문화적 배경에 대한 이해와 함께, 작은 실수도 신뢰에 영향을 줄 수 있음을 명심해야 한다.

2.2 일본의 비즈니스 태도와 매너

일본에서는 비즈니스 상황에서의 예절이 매우 중요하게 여겨지며, 세심한 태도와 행동 하나하나가 신뢰를 형성하는 기반이 된다. 인사할 때는 허리를 굽히는 절 방식이 일반적이며, 상대의 절하는 각도에 맞추어 인사하는 것이 예의로 간주된다. 절을 할 때는 양손을 허벅지 위에 자연스럽게 두며, 상대방이 윗사람일수록 고개를 더 깊게 숙이는 것이 바람직하다.

대화에서는 '감사합니다', '죄송합니다'와 같은 정중한 표현을 자주 사용하는 것이 일반적이며, 상대의 말을 끊지 않고 끝까지 경청하는 자세가 요구된다. 대화 중 반박보다는 공감의 표현으로 맞장구를 치는 것이 더 선호되며, 직접적인 거절은 피하고 "생각해 보겠다", "검토해 보겠다"는 식의 완곡한 표현으로 대응하는 것이 일반적이다. 이는 부정적인 답변도 예의를 갖추어 전달하려는 일본 특유의 소통 방식이다.

또한 일본은 개인보다 조직 전체를 중시하는 집단주의 성향이 강하기 때문에, 특정 개인보다는 팀 전체의 성과를 칭찬하는 것이 더 좋은 인상을 줄 수 있다. 실제 업무에서는 담당자가 자주 바뀌는 경우가 많으므로, 대화를 시작하기 전 최신 정보를 확인하는 습관도 중요하다.

비언어적 표현에서도 유의할 점이 많다. 사람이 많은 장소를 지나갈 때 손을 들어 고개를 숙이는 행동은 "실례합니다"라는 의미로 받아들여지며, 이는 일본인 특유의 배려심을 표현하는 방식이다. 반면, 손수건으로 코를 푸는 행위는 공공장소에서는 비위생적으로 여겨지므로 삼가는 것이 좋다. 또한, 일본인의 미소는 단순한 긍정 표현뿐 아니라 당황스러움이나 불편한 감정을 감추는 수단으로도 사용되므로, 그 의미를 잘 해석할 수 있는 눈치가 필요하다.

2.3 일본의 비즈니스 선물 문화

일본에서는 선물을 주는 행위 자체가 관계의 성실함과 예의를 표현하는 중요한 문화로 여겨진다. 선물은 받는 사람의 상황과 역할에 맞춰 신중히 선택해야 하며, 너무 고가이거나 개인적인 선물은 피하는 것이 좋다. 선물을 전달하는 시점도 중요하다. 갑작스러운 선물은 당황스러움을 줄 수 있으므로, 사전 동의를 구하거나 적절한 시점에서 조심스럽게 전달하는 것이 바람직하다.

선물은 반드시 양손으로 정중하게 건네야 하며, 받는 사람은 두세 차례 사양한 뒤에 받는 것이 일반적인 예의로 간주된다. 받은 선물은 주는 사람이 있는 자리에서 바로 개봉하지 않고, 혼자 있을 때 조용히 여는 것이 매너이다. 이는 상대방의 앞에서 반응을 보이는 것이 부담스러울 수 있다는 문화적 배려에서 비롯된 것이다.

포장은 깔끔하고 절제된 디자인이 선호되며, 붉은색과 흰색을 함께 사용하는 포장은 장례와 관련된 이미지를 줄 수 있으므로 피하는 것이 좋다. 대신 파스텔톤이나 은은한 색상이 담긴 포장이 무난하다. 포장지나 리본에 일본식 전통 문양이 포함되면 긍정적인 반응을 얻을 수 있다.

선물의 수량은 짝수를 선호하며, 특히 숫자 '4'(시)는 죽음과 관련된 발음이므로 피해야 한다. 부서 전체를 위한 선물을 준비하는 것이 이상적이며, 개별 포장이 되어 있어 함께 나누기 좋은 과자류나 지역 특산품이 일반적으로 인기가 있다. 방문 전 상대 부서의 인원을 확인하여 적절한 수량을 준비하는 것이 중요하며, 선물이 즉흥적으로 준비되었다는 인상을 주지 않도록 사전에 신경 써야 한다.

또한 공공기관이나 정부 관련 부서에 선물을 전달할 경우, 오해를 사지 않도록 상징적인 수준에서 간소하게 준비하며, 감사를 표현하는 의미가 명확히 전달될 수 있는 기념품 형식이 적절하다. 이와 같은 섬세한 준비는 일본과의 관계에서 신뢰를 쌓고 예의를 표현하는 효과적인 방법으로 작용한다.

3 미국의 비즈니스 문화와 매너

미국은 자유주의와 실용주의에 기반한 비즈니스 문화를 갖고 있으며, 시간 엄수와 약속의 중요성이 매우 강조된다. 비즈니스 관계에서는 상식과 효율을 중시하며, 사생활 존중과 평등한 관계 형성이 특징이다. 따라서 미국과의 비즈니스에서는 그들의 문화적 기대에 부합하는 태도와 매너를 이해하는 것이 필수적이다.

3.1 미국의 비즈니스 문화

미국인은 약속사회를 기반으로 살아가며, 시간 약속을 철저히 지키는 것을 기본으로 한다. 점심 또는 저녁 약속은 보통 일주일 전쯤 미리 조율하며,

조찬 모임도 흔한 편이다. 식사 시간은 보통 1시간 이상 소요되며, 식사 중에는 음식을 씹으면서 말하거나 소리를 내는 것을 피하는 것이 일반적인 식사 매너이다. 비즈니스 식사는 주로 점심 시간에 이루어지며, 식사 장소는 지나치게 값싸거나 사치스럽지 않도록 신중히 선택해야 한다. 장소 선택이 어려운 경우 상대에게 제안권을 주는 것도 배려의 방법으로 받아들여진다.

미국에서는 명함 교환이 필수가 아니며, 거래를 지속할 의사가 있을 때만 교환하는 경우가 많다. 공식적인 첫 만남보다는, 실질적인 협의가 이뤄지는 단계에서 명함을 교환하는 것이 일반적이다. 통역보다는 직접 영어로 의사를 전달하는 것을 선호하며, 회사 소개 시에는 설립 연도, 매출, 시장 점유율 등 구체적이고 실용적인 데이터를 준비하는 것이 신뢰를 높이는 데 도움이 된다.

미국에서는 개인 정보에 대한 질문이 예의에 어긋나는 것으로 간주된다. 종교, 수입, 나이, 결혼 여부, 주소 등은 민감한 정보로 여겨지므로 질문을 피하는 것이 좋다. 특히 여성의 외모에 대한 언급은 무례하게 받아들여질 수 있으며, 인종, 성별, 소수민족 등에 대한 편견이 담긴 농담이나 발언은 금물이다. 이는 다양성과 포용성을 중시하는 미국 사회의 특성에서 비롯된 것이다.

이러한 문화적 배경을 이해하고 존중하는 태도는 미국과의 비즈니스에서 성공적인 관계 형성을 위한 첫걸음이 된다.

3.2 미국의 비즈니스 선물 문화

미국에서는 비즈니스 관계에서 선물은 일반적인 관습은 아니며, 거래 성사 후 감사의 표시로 작은 선물을 주는 것이 무방하다. 단, 50달러 이상의 선물은 법적으로 문제가 될 수 있으며 공공기관에는 기부로 전환되기도 한다. 상급자에게만 선물하는 것은 좋지 않으며, 전체 팀에 감사 표시를 하는 것이 바람직하다.

선물을 전달할 때에는 실용적인 물품이나 간단한 간식, 지역 특산품 등을 선택하는 것이 일반적이다. 고급 와인, 커피, 책, 로고가 새겨진 기업 홍보용

물품 등은 무난한 선택이 될 수 있다. 포장은 간결하고 깔끔한 것이 좋으며, 선물 포장을 강조하기보다는 내용물의 실용성에 중점을 두는 문화가 강하다.

또한 미국인은 개인 공간을 매우 중요하게 여기므로, 선물을 줄 때도 일정 거리를 유지하며 자연스럽게 전달하는 것이 좋다. 동성 간의 손잡기나 신체 접촉은 친분이 없는 상태에서는 피하는 것이 바람직하며, 악수는 기본적인 인사로 흔히 사용된다. OK 사인, 엄지척, 등을 가볍게 두드리는 등의 손동작은 긍정과 우정을 나타내는 제스처로 통용된다. 다만 손가락을 교차하는 핑거 크로스는 행운이나 거짓말을 의미하며, 상황에 따라 적절히 사용하는 것이 필요하다.

물건을 한 손으로 건네는 것도 예의에 어긋나지 않으며, 굳이 양손을 사용하는 것이 필수는 아니다. 실용주의적인 사고방식이 뿌리내린 미국에서는 선물의 의미보다는 의도와 전달 방식, 그리고 관계의 지속 가능성을 더 중요하게 여긴다.

4 영국의 비즈니스 문화와 매너

영국은 '신사의 나라'라는 별칭답게, 개인의 사적 공간과 예절을 중시하는 사회적 정서가 강한 나라이다. 영국인들과 비즈니스를 할 때에는 이들의 문화적 특성과 커뮤니케이션 방식에 대한 이해가 필수적이다.

4.1 영국의 비즈니스 문화

영국에서는 사전 약속 없이 회사를 방문하는 것을 큰 결례로 여긴다. 대부분의 회사는 주 5일제 근무를 하며, 업무시간은 오전 9시부터 오후 5시까지, 점심시간은 보통 정오부터 오후 2시 사이이다. 비즈니스 미팅은 주로 오전 11시에서 오후 4시 사이에 잡는 것이 적절하며, 약속 없는 방문은 삼가야 한다.

인사는 일반적으로 악수를 통해 이루어진다. 하지만 개인주의 문화가 강하고 타인의 신체 접촉을 선호하지 않는 편이기 때문에, 악수도 반드시 필요한 것은 아니다. 첫 만남에서 상대방의 이름을 바로 부르는 것은 실례로 간주되며, 남성은 'Mr', 여성은 'Ms'와 성을 함께 사용한다. 직함이 있는 경우에는 직함을 붙여 부르고, 작위를 가진 사람은 남성은 'Sir', 여성은 'Dame'으로 부른다.

복장은 깔끔하고 보수적인 스타일이 선호된다. 전통적으로 검정색, 진한 감색, 짙은 회색 등의 어두운 색상의 줄무늬 정장을 착용하며, 과도한 패션이나 튀는 액세서리는 피하는 것이 좋다.

의사 표현에 있어서 영국인은 직접적인 표현을 자제하고, 완곡하고 정중한 방식을 선호한다. 비즈니스 협상이나 상담 중에도 감정을 드러내지 않고 차분한 태도를 유지하며, 긍정적인 표현으로 상대의 감정을 배려하는 문화가 있다. 자주 사용하는 표현으로는 "sorry", "please"가 있으며, 이것은 예의의 표현이자 기본적인 매너로 여겨진다.

또한 영국에서는 유머 감각이 중요한 소통 수단으로 작용하며, 지나치게 경직된 태도보다는 여유 있고 점잖은 유머를 섞는 것이 관계 형성에 도움이 된다. 그러나 정치, 인종, 종교와 관련된 농담은 피해야 하며, 사생활에 대한 질문도 삼가는 것이 좋다.

4.2 비즈니스 대화

대화 주제로는 날씨, 스포츠(특히 축구, 럭비), 애완동물, 영국의 역사와 문학, 대중문화 등에 대해 이야기하는 것이 좋으며, 종교, 정치, 왕실, 유럽연합 문제, 인종과 성 정체성 등 민감한 이슈는 피하는 것이 바람직하다. 특히 영국 왕실에 대한 험담이나 여성을 포함한 소수자에 대한 차별적 발언은 예절에 어긋나는 행위로 간주된다.

영국의 기업인은 비즈니스 협상 시 선례와 객관적 근거를 중시하며, 개인적 친분보다는 사실과 논리를 기반으로 판단하는 경향이 강하다. 따라서 사전 조사와 문서 준비, 명확한 의사 전달이 요구된다. 회의에서는 장황한 설명보다 간결하고 체계적인 발표가 선호되며, 발표 중에도 예의 바른 태도를 유지하고 질문은 발표가 끝난 후에 하는 것이 일반적이다.

대화의 흐름을 방해하지 않도록 상대방의 말을 경청하는 태도는 매우 중요하며, 단정적이기보다는 의견을 제안하는 형식으로 말하는 것이 더 긍정적인 반응을 이끌어낼 수 있다. 영국인들은 개인의 전문성과 신뢰를 중시하므로, 무리한 약속이나 과장된 표현은 피하는 것이 좋다.

4.3 비즈니스 선물

영국에서는 비즈니스 관계에서 선물을 주고받는 것이 일반적인 관행은 아니다. 특히 공식적인 비즈니스 미팅에서는 선물 교환이 오히려 부담스럽거나 부적절한 행위로 여겨질 수 있으므로 주의가 필요하다. 영국인은 상대에게 부담을 주지 않는 태도를 중요시하기 때문에, 특별한 명분 없이 선물을 전달하는 것을 삼가는 것이 바람직하다.

그러나 거래 관계가 일정 수준으로 신뢰를 쌓았거나, 크리스마스와 같은 특정한 명절이나 상대방이 퇴임, 승진 등의 특별한 일을 맞이한 경우에는 작고 정중한 선물을 준비하기도 한다. 이때에도 지나치게 고가의 선물은 삼가며, 상대방이 곧바로 감사 인사를 전할 수 있을 정도의 실용적이고 부담 없는 선물을 선택하는 것이 좋다.

한편, 기업 내 연말 행사나 크리스마스 시즌에는 부서별로 작은 선물을 교환하는 문화가 존재하기도 한다. 이 경우에도 비교적 저렴한 가격대에서 유머나 실용성을 갖춘 선물을 주고받으며, 지나치게 개인적이거나 고가의 선물은 지양한다. 이처럼 영국의 선물 문화는 "부담스럽지 않음", "절제", "상대 존중"이라는 키워드로 요약될 수 있다.

비즈니스 목적이 아닌 개인적인 자리에서의 선물은 보다 자유롭게 이루어진다. 예를 들어, 상대의 가정에 초대를 받았을 경우에는 초콜릿, 고급 잼, 와인이나 샴페인, 생화 등 정중하고 센스 있는 선물을 준비하는 것이 일반적이다. 영국인들은 꽃 선물을 환영하지만, 장례식과 관련된 의미가 있는 백합이나 국화는 피하는 것이 좋다. 또한, 선물 포장은 절제된 색상과 단정한 형태로 준비하며, 포장이 너무 화려하거나 장식이 과하면 세련되지 못하다는 인상을 줄 수 있다.

선물을 전달할 때는 상대방이 원치 않으면 무리하게 권하지 않고, 전달 시에는 간단한 설명이나 감사 인사를 덧붙이며 건네는 것이 예의이다. 받은 사람은 일반적으로 그 자리에서 포장을 바로 열지 않고, 감사 인사를 전한 후 자리를 마친 뒤 조용히 여는 것을 선호한다. 이러한 태도는 영국 특유의 절제된 정서와 타인에 대한 배려심에서 비롯된 문화적 습관이라 할 수 있다.

5 독일의 비즈니스 문화와 매너

5.1 독일의 비즈니스 문화

독일에서는 첫 만남 시 짧고 단단한 악수를 나누는 것이 일반적이며, 정중한 인사를 기본으로 한다. 격식을 차린 자리에서는 남성이 여성의 손에 키스를 하는 전통이 드물게 남아 있으나, 외국인은 이를 따라하지 않는 것이 일반적이다. 여성이 방에 들어올 때 남성이 일어서서 맞이하는 것도 예의로 여긴다.

복장은 비즈니스에 있어 판단 기준이 되지는 않으나, 첫 만남이나 공식적인 자리에서는 정장을 착용하는 것이 무난하다. 평소에는 격식을 덜 차리는 옷차림도 허용되지만 단정함을 유지해야 한다.

약속은 최소 2주 전에 잡는 것이 예의이며, 오후 5시 이후의 미팅은 피하는 것이 좋다. 독일의 근무시간은 일반적으로 오전 8시 또는 9시부터 오후 4시 또는 5시까지이며, 정시 문화가 철저하게 지켜진다.

5.2 독일의 비즈니스 매너

상대방과의 첫 접촉은 전화로 시작하는 것이 바람직하다. 홈페이지에 나온 주소로 이메일을 보낼 경우 무시되는 일이 많기 때문에, 담당자와 먼저 통화한 뒤 이메일을 보내는 것이 효과적이다.

독일 바이어는 매우 보수적인 성향을 지니며, 기존 거래처와의 신뢰 관계를 중시한다. 한 번 거래가 성립되면 장기적인 관계로 이어질 가능성이 높으며, 대부분의 거래는 문서 중심으로 진행된다.

독일에서는 명함을 넉넉히 준비하고, 학사 이상의 학력은 명함에 기재하는 것이 일반적이다. 이는 학력을 중시하는 독일 문화의 반영이다.

업무 중에는 웃는 얼굴이나 가벼운 농담을 자제하며, 진지하고 성실한 태도로 대화에 임하는 것이 기본이다. 칭찬에 익숙하지 않기 때문에 과도한 찬사는 오히려 어색한 분위기를 만들 수 있다. 별다른 피드백이 없더라도 일이 순조롭게 진행되고 있다고 이해하면 된다.

문제가 발생했을 때는 전화보다 이메일이나 문서로 상황을 정리해 전달하는 것이 바람직하며, 의사소통은 매우 솔직하고 직설적인 편이다. 비판이나 지적도 업무의 일부로 받아들이며, 감정적으로 받아들이지 않는 태도가 요구된다.

점심 식사 중에는 업무 이야기를 피하고, 식사 전후에 대화를 나누는 것이 예의이다. 또한 퍼스널 공간을 중요하게 생각하기 때문에, 대화 시 물리적인 거리를 유지하고 상대방의 공간을 존중하는 태도가 필요하다.

5.3 독일의 선물 문화

독일에서는 비즈니스에서 고가의 선물은 부적절하다고 본다. 선물보다는 신뢰와 성실한 업무 태도를 더 중요하게 여기며, 감사나 기념의 의미로 작은 선물을 전달하는 정도는 가능하다. 실용적이고 중립적인 품목으로 예를 들어, 회사 로고가 들어간 고급 필기구, 품격 있는 노트, 지역 특산품 등은 긍정적인 반응을 얻을 수 있다.

독일은 공공기관이나 정부 관련 기관의 경우 금전적 가치가 있는 선물을 수수하는 것이 법적으로 금지되거나 제한되는 경우가 많으므로, 상대의 직책이나 소속을 고려하여 신중하게 판단해야 한다. 선물에 대한 사후 감사 표현은 짧은 손편지나 이메일을 통해 전달하는 것이 좋다.

이처럼 독일에서는 선물보다는 정확한 커뮤니케이션, 성실한 업무 태도, 계약의 성실한 이행 등이 더 높은 가치를 갖는다. 선물은 관계 유지의 보조 수단으로 활용되며, 항상 절제되고 예의 바른 방식으로 전달되어야 한다.

가정에 초대받았을 경우, 꽃을 준비해 가는 것이 일반적이며 포장은 너무 화려하지 않게 한다. 독일인은 겉치레보다는 실질적인 것을 중시하기 때문에, 실용적이고 부담 없는 선물이 좋다.

6 프랑스의 비즈니스 문화와 매너

6.1 비즈니스 문화

프랑스에서는 비즈니스 미팅을 사전에 약속하는 것이 필수이며, 최소 2주 전에는 일정을 잡는 것이 바람직하다. 특히 대기업이나 지위가 높은 인물과의 만남일수록 여유 있는 일정을 요구한다. 프랑스인은 시간 약속을 중요하게 여기므로, 정확한 시간 도착은 기본 예의이다.

인사는 손을 가볍게 잡고 빠르게 흔드는 악수를 기본으로 하며, 여성과는 여성이 먼저 악수를 청할 때 응하는 것이 예의다. 친밀한 관계에서는 뺨을 맞대는 볼키스를 나누며, 헤어질 때에도 같은 방식으로 인사를 나눈다.

프랑스인은 외모와 복장을 중요하게 생각하므로 비즈니스 미팅 시 단정하면서도 세련된 복장과 깔끔한 메이크업을 갖추는 것이 바람직하다. 프랑스인은 자신의 감정과 생각을 솔직하게 표현하는 데 익숙하며, 존댓말보다는 상대와 친해진 이후에는 편안한 말투로 대화하는 경향이 있다. 모임 중 말을 하지 않거나 소극적인 태도를 보이면 불만이 있다고 오해받을 수 있으므로, 적극적으로 대화에 참여하는 자세가 필요하다.

프랑스인과의 대화에서는 요리, 와인, 문학, 예술, 패션, 첨단기술 등 프랑스 문화와 관련된 주제를 활용해 상담 분위기를 부드럽게 이끄는 것이 효과적이다.

6.2 비즈니스 특징: 계약 및 문서 문화

프랑스인은 계약서를 매우 중요하게 생각하며, 계약 조건을 최대한 상세히 명시한다. 계약서 분량이 많고 복잡하더라도 모든 조항을 꼼꼼히 검토하며, 이후 발생할 수 있는 분쟁에 대비해 책임과 권리를 명확히 구분한다.

프랑스 바이어는 광고보다는 객관적인 데이터와 자료, 인증서 등 검증된 내용을 중시한다. 따라서 비즈니스를 제안할 때에는 인증서, 테스트 결과, 소비자 반응 등의 자료를 체계적으로 준비해야 한다.

또한, 문서 중심의 커뮤니케이션을 중시하기 때문에 이메일이나 전화 외에도 서면으로 남기는 자료가 중요한 역할을 한다. 공식적인 커뮤니케이션은 형식과 내용을 갖춘 문서로 진행하는 것이 신뢰를 주는 방법이다.

6.3 관계 형성과 업무 방식

프랑스에서는 전화나 이메일보다 대면 미팅을 선호하며, 사람 간의 신뢰를 바탕으로 거래 관계를 맺는다. 신뢰 형성에 시간이 걸리는 만큼, 장기적인 관점에서 인내심을 가지고 관계를 구축하는 것이 중요하다.

프랑스인은 기존 거래처와의 신뢰를 중시하기 때문에 새로운 거래처로의 전환을 꺼리는 경향이 있다. 한 번 신뢰를 얻으면 오랜 시간 안정적으로 거래할 수 있으므로, 성급한 제안보다는 천천히 신뢰를 쌓아가는 전략이 필요하다.

프랑스의 비즈니스 문화는 신중하고 보수적인 성향이 강하므로, 한국의 빠르고 효율 중심의 태도는 때때로 차갑게 느껴질 수 있다. 상대의 속도와 스타일을 존중하며 융통성을 발휘하는 태도가 요구된다.

6.4 비즈니스 선물 문화

프랑스의 비즈니스 환경에서는 처음 만나는 자리나 계약 전 단계에서 선물을 주고받는 행위는 일반적이지 않다. 실속보다 형식을 중시하는 경향이 있으므로, 선물보다는 정중한 태도와 신뢰를 바탕으로 한 의사소통이 더 중요하게 여겨진다.

공식적인 비즈니스 자리에서는 특별한 기념일이나 거래 성사가 이루어진 이후 감사의 의미로 작은 선물을 전달하는 것이 무난하다. 이때 고급 와인, 지역 특산품, 고급 필기구 등 세련되고 실용적인 품목이 선호된다. 선물은 너무 화려하지 않게 포장하며, 명확한 의미가 담긴 물건이면 더욱 긍정적으로 받아들여진다.

가정에 초대받았을 경우에는 작은 꽃다발, 고급 초콜릿, 와인이나 샴페인을 가져가는 것이 일반적이며, 포장은 품격 있게 준비하는 것이 좋다. 상대방의 취향을 고려한 선물은 관계를 한층 돈독하게 만들어준다.

프랑스인은 서열 문화가 강하지 않기 때문에 선물을 줄 때 특정 인물에게만 전달하기보다는 전체에게 감사의 뜻을 표현하는 것이 바람직하다. 또한 선물을 받은 후에는 감사 인사를 직접 전하거나 짧은 카드로 마음을 표현하는 것이 예의에 부합한다.

7 캐나다의 비즈니스 문화와 매너

7.1 비즈니스 문화

캐나다는 세계에서 두 번째로 큰 국토를 가진 국가로, 다양한 인종과 문화를 존중하는 다문화 사회이다. 이러한 문화적 배경은 비즈니스 매너와 소통 방식에도 큰 영향을 미친다.

캐나다에서는 비즈니스 미팅 시 상대방과 유사한 수준의 복장을 갖추는 것을 선호한다. 고위 공무원이나 금융업계와 같은 특정 업종을 제외하면 완전한 정장차림보다는 세미 정장을 선호하는 경우가 많다. 다만 첫 미팅에는 격식을 갖춘 정장을 입는 것이 바람직하다. 인사는 일반적으로 악수로 시작하며, 여성은 가벼운 포옹을 하기도 한다. 악수는 친근함의 표현으로 다소 힘 있게 하는 경향이 있다. 명함은 공손하게 건네기보다는 테이블에 내려놓는 방식도 일반적이므로, 문화적 차이를 이해하고 존중하는 태도가 필요하다.

7.2 비즈니스 매너

캐나다인은 개인 공간을 매우 중요하게 여기므로, 신체적 접촉은 최소화해야 한다. 특히 동성 간에는 친밀한 관계가 아니면 악수 이상의 접촉을 피하는 것이 좋다. 가까운 거리에서 불필요하게 접근하거나 터치하는 행동은 불쾌감을 줄 수 있다.

약속은 전화나 이메일을 통해 사전에 확정하고, 일정 변경이 있을 경우 반드시 사전 양해를 구해야 한다. 회의에서는 차분하고 조용한 목소리로 설명하는 것이 좋으며, 지나치게 큰 목소리나 강한 어조는 상대에게 위협적으로 느껴질 수 있다. 상대방의 말을 끊지 않고 끝까지 경청하는 태도를 보이며, 질문에 대해서는 핵심을 먼저 전달하는 두괄식 표현이 효과적이다.

캐나다인은 가족 중심의 생활문화를 중요시하므로, 업무시간 이후나 방학 기간 중에는 회신이 지연될 수 있다. 따라서 인내심을 가지고 기다리는 것이 바람직하다. 비즈니스 이후 감사 편지나 정중한 팔로우업 메일을 보내는 것이 좋은 인상을 남긴다. 또한 다문화 사회 특성상 특정 인종이나 국가를 언급하거나 경쟁국을 비하하는 발언은 절대 삼가야 한다. 제품의 우수성을 강조할 때에도 직접 비교보다는 기능, 품질, 가격 대비 성능 등을 강조하는 방식이 더 효과적이다.

7.3 비즈니스 선물 문화

캐나다에서는 비즈니스 초기 단계에서 선물을 주고받는 문화가 일반적이지 않으며, 오히려 부담을 줄 수 있기 때문에 피하는 것이 좋다. 대부분의 캐나다 기업은 선물을 공적인 업무 영역에서 활용하는 것을 꺼려하며, 접대와 선물 제공이 윤리적으로 문제가 되지 않도록 철저하게 관리한다.

선물을 주는 경우는 주로 거래가 성사된 이후 감사의 의미로 이루어지며, 이때도 고가의 선물은 피하는 것이 원칙이다. 상징적인 의미를 담은 자국의 전통공예품, 간단한 기념품, 손편지를 곁들인 소박한 선물 정도가 적당하며, 이는 오히려 진정성 있는 호감과 감사의 표현으로 받아들여진다.

또한, 개인에게만 선물을 전달하는 것은 바람직하지 않다. 특정 담당자만 챙길 경우, 그 외의 구성원들에게 소외감을 줄 수 있어 팀 전체를 고려한 균형 있는 선물 전달이 필요하다. 예를 들어, 사무실에 공유할 수 있는 간식류나 다과류를 함께 전달하는 것도 좋은 방법이다.

가정에 초대받았을 경우에는 와인, 꽃, 초콜릿, 지역 특산품 등을 가져가는 것이 일반적인 예의이며, 포장은 화려하지 않도록 간결하고 단정하게 준비하는 것이 좋다. 식사 후에는 감사 메시지나 이메일을 통해 감사 인사를 전하는 것이 캐나다 문화에서 높게 평가받는다.

8 인도네시아의 비즈니스 문화 이해

8.1 비즈니스 커뮤니케이션 및 미팅 문화

인도네시아는 세계에서 네 번째로 인구가 많은 국가이며, 최근에는 중국의 대체지로 주목받고 있다. 특히 제조업 분야에서 외국인 투자가 크게 증가하고 있으며, 한국 또한 인도네시아에 대한 경제적 관심이 높아지고 있다. 이러한 배경 속에서 인도네시아의 비즈니스 관행과 문화적 특성을 이해하는 것은 성공적인 비즈니스 관계 형성에 도움이 된다.

인도네시아에서는 악수를 할 때 오랜만에 만난 경우에만 하는 것이 일반적이며, 손을 약하게 그러나 오랫동안 잡고 있는 경우가 많다. 상대방의 이름에 귀족 칭호나 다양한 직함이 포함되어 있을 수 있으며, 이름은 신성하게 여겨지므로 웃거나 경시하는 태도는 지양해야 한다.

시간 개념은 전반적으로 느슨한 편이다. 특히 자카르타 등 대도시의 교통 체증은 심각하여 약속 시간에 지각하는 일이 흔하며, 이를 이해하고 유연하게 대처하는 자세가 필요하다. 첫 미팅에서는 실질적인 협의보다는 얼굴을 익히고 관계를 맺는 데 중점을 두며, 여러 차례의 출장과 미팅을 통해 신뢰를 쌓아야 한다.

비즈니스 진행은 대부분 비서진을 통해 이루어지므로, 비서와의 원활한 관계가 중요하다. 편지나 이메일보다는 대면을 선호하며, 한국 초청 또는 현지 방문 방식의 상담이 효과적이다.

8.2 비즈니스 복장과 태도

인도네시아에서는 정장을 반드시 갖추지 않아도 되며, 공식 행사에서도 전통 의상인 바틱(Batik)을 착용하는 것이 일반적이다. 따라서 외모나 복장만으로 상대를 판단해서는 안 된다. 바이어가 캐주얼한 복장을 입고 나왔다고 해서 비즈니스의 진지함이 떨어진다고 오해하지 않도록 한다.

몸짓에도 유의해야 한다. 왼손과 발은 부정한 것으로 간주되므로, 발로 물건을 밀거나 왼손만으로 물건을 건네는 것은 실례가 된다. 또한 머리는 영혼이 드나드는 신성한 부분으로 여겨지기 때문에, 특히 어린아이의 머리를 만지는 행위는 금물이다. 양손을 허리에 얹는 자세는 분노나 도전을 의미하므로 주의가 필요하다.

인도네시아는 긴 식민지 역사의 영향으로 외국인에 대해 경계심이 남아 있으며, 쉽게 마음을 열지 않는다. 따라서 현지인과의 관계 형성에 많은 시간과 노력이 필요하다. 정부기관이나 대기업을 상대할 때에는 단지 의사결정권자만이 아닌 실무진 전체를 포함한 관계자들과의 협의를 고려해야 하며, 그들의 체면과 자존심을 존중하는 겸손한 자세가 요구된다.

8.3 비즈니스 선물 문화

인도네시아는 '받는 문화'가 강한 사회로, 상대방이 먼저 무언가를 주는 것에 익숙하다. 따라서 작은 선물이라도 먼저 제공하는 것이 긍정적인 인상을 남긴다. 고급 인삼차, 한국 전통 차, 지역 특산품 등은 좋은 반응을 얻을 수 있으며, 이러한 선물은 상대방과의 친밀감을 높이는 데 효과적이다. 단, 고가의 선물이나 현금성 품목은 오해를 불러일으킬 수 있으므로 피해야 한다.

정기적인 방문과 작은 선물, 그리고 성의 있는 태도는 인도네시아 바이어와의 신뢰를 쌓는 데 중요한 수단이 된다. 이들은 겉보다 내면의 관계와 정성을 중시하므로 꾸준한 관심과 예우가 필요하다.

9 멕시코 비즈니스 문화와 매너

멕시코는 북미에 위치한 중남미 최대의 스페인어권 국가로, 젊고 역동적인 인구구조를 바탕으로 경제 발전 가능성이 높다. Word Bank의 기업환경 평가에서 중남미 국가 중 가장 우수한 평가를 받을 정도로 투자 환경이 개선되고 있으며, 북미 자유무역협정(USMCA)의 영향으로 글로벌 비즈니스에서 중요한 파트너로 떠오르고 있다. 멕시코와의 비즈니스에서는 문화적 차이를 이해하고, 이에 적절하게 대응하는 태도가 요구된다.

9.1 비즈니스 인사 및 호칭

멕시코에서는 바이어와 처음 만날 때 악수를 하며, 적당한 힘을 실어 신뢰감을 주는 것이 중요하다. 손을 힘 없이 가볍게 잡으면 신뢰를 얻지 못하고, 상대에게 불성실한 인상을 줄 수 있다. 악수를 지나치게 세게 하면 실례가 되지만, 약한 악수는 오히려 더 큰 결례가 될 수 있다. 여성의 경우에는 오른쪽 팔이나 어깨에 손을 대며 인사하는 경우도 있다. 몇 차례 만남이 이루어진 경우에는 포옹으로 인사를 나누기도 한다.

호칭은 매우 중요하게 여겨진다. 학위가 있는 경우 이를 호칭으로 사용하며, 사회적 지위나 자존심을 반영하는 요소로 인식된다. 따라서 상대의 직위와 호칭을 존중하는 것이 기본적인 예의이다.

9.2 시간 개념과 약속 문화

멕시코인들은 시간 약속에 엄격하지 않은 편이며, 미팅 시간에 지각하는 일이 흔하다. 따라서 상대방이 약속 시간에 늦더라도 너그럽고 침착하게 대응하는 태도가 필요하다. 특히 점심시간은 일반적으로 오후 1시부터 3시까지로, 이 시간대에는 미팅 일정을 피하는 것이 좋다.

또한 멕시코에서는 'NO'라고 직접적으로 말하지 않는 문화가 있다. 원치 않는 요청에 대해 회피하거나 애매하게 긍정적인 표현을 사용할 수 있으므로, 실제 합의 내용은 반드시 서면으로 명확하게 남겨두는 것이 바람직하다.

9.3 비즈니스 관계 형성과 태도

멕시코인은 비즈니스에서도 인간관계를 중시하며, 단기간에 계약을 성사시키는 것보다는 장기적 관계 구축을 선호한다. 따라서 비즈니스 초반에는 인내심을 가지고 상대방과의 신뢰를 쌓는 데 집중해야 한다. 단기간에 결과를 기대하기보다는 여유롭고 유연한 자세로 접근해야 하며, 여러 차례의 만남을 통해 관계를 공고히 해 나가는 것이 중요하다.

지위에 민감한 멕시코 문화 특성상, 상담이나 미팅에는 경영진 또는 임원급 인사가 참석하는 것이 긍정적으로 평가된다. 상대에게 신뢰와 진정성을 전달하는 방법으로 받아들여지기 때문이다. 신뢰가 형성된 이후에는 계약 협상이나 조건 조정도 상대적으로 원활하게 진행되는 경우가 많다. 따라서 비즈니스 성공의 핵심은 실적보다 관계에 있다는 점을 이해하고 접근해야 한다.

9.4 비즈니스 커뮤니케이션

멕시코인은 밝고 유쾌한 분위기를 선호하므로, 비즈니스 미팅에서도 부드러운 분위기를 조성하는 것이 좋다. 유머를 한두 마디 준비해 대화를 자연스럽게 이끄는 것도 효과적이다.

대화 중에는 '아오리타(Ahorita)'라는 표현을 자주 사용하는데, 이는 직역

하면 '지금 당장'이라는 뜻이지만 실제 의미는 매우 유동적이다. 반드시 시간의 정확한 범위를 다시 확인해야 하며, 오늘인지, 이번 주인지, 혹은 몇 주 후인지 명확한 시점을 물어보는 것이 필수적이다.

또한 멕시코인은 간접적인 표현을 즐겨 사용하며, 대화를 통해 감정의 흐름을 중시한다. 상대방의 의도를 파악하려면 말의 내용뿐 아니라 표정, 제스처, 분위기까지 함께 읽는 것이 필요하다. 친근한 분위기 속에서도 예의를 갖추되, 지나친 형식보다는 인간적인 접근이 더 효과적이다. 공식 회의 이후 비공식 자리에서 나누는 짧은 대화나 농담 속에서도 중요한 메시지가 오갈 수 있으므로, 전체적인 분위기에 민감하게 반응하는 커뮤니케이션 능력이 요구된다.

9.5 비즈니스 선물 매너

멕시코에서는 비즈니스 상황에서 선물을 주고받는 것이 일반적이지 않으며, 특히 첫 만남이나 계약 전 단계에서는 선물을 준비하지 않는 것이 예의에 맞는다. 간혹 고위 임원이나 간부에게 고가의 선물을 건네는 것은 뇌물로 오해받을 수 있으므로 주의가 필요하다. 대신, 상담 이후 관계가 어느 정도 형성되었거나, 방문을 마치고 감사의 뜻을 전하고 싶을 때는 소박하고 의미 있는 기념품 정도를 전달하는 것이 좋다. 예를 들어 자국의 문화적 상징이 담긴 소품이나 실용적인 문구류, 전통차 세트 등이 부담 없이 좋은 인상을 남길 수 있다.

또한 멕시코에서는 식사 자리에서 비즈니스 관계가 더욱 돈독해지는 경우가 많다. 공식적인 미팅 이후 바이어나 거래처 관계자와의 식사는 관계 형성의 중요한 요소로 간주된다. 이때 식사를 함께한 경우, 누가 식사 비용을 지불했는지를 명확히 언급하는 것이 멕시코의 관습이다. 비용을 부담한 측에서는 상대방에게 예의를 갖춘 태도로 "오늘 식사는 제가 대접합니다"라고 말하는 것이 정중한 표현이다.

식사 중에는 단순한 친목의 의미를 넘어서, 대화를 통해 인간적인 신뢰를 쌓는 것이 중시된다. 음식에 대해 긍정적인 평가를 전하거나 상대의 문화에 대해 존중을 표하는 태도가 호감을 얻는 데 도움이 된다. 또한, 식사 중에 비즈니스 이야기를 길게 이어가는 것은 피하고, 대화는 가볍고 유쾌한 주제로 시작하여 분위기를 부드럽게 만드는 것이 좋다.

멕시코인들은 대체로 밝고 쾌활한 분위기를 선호하기 때문에, 식사 자리에서 지나치게 격식을 차리기보다는 상대방의 태도에 맞춰 자연스럽게 소통하는 자세가 필요하다. 다만, 정치, 종교, 인종과 관련된 주제는 예민할 수 있으므로 피하는 것이 바람직하다.

학습내용 요약

1. 중국은 성+직함으로 호칭하며, 인사는 악수가 일반적이다. 부정 표현은 우회적으로 하며, 즉시·바로 같은 말은 실제 시점과 다를 수 있어 명확히 확인해야 한다. 선물은 붉은색·금색 포장을 선호하고 직접 전달하는 것이 좋다.
2. 일본은 신뢰와 예절을 중시하며, 약속 시간과 문서 제출 기한을 엄수해야 한다. 악수와 함께 고개 숙임으로 인사하며, 호칭은 '~상'을 사용한다. 직접적인 거절은 피하고, 대화 중에는 경청하는 태도를 보인다.
3. 미국은 시간 약속과 빠른 업무처리를 중시하며, 영어 사용을 선호한다. 명함은 거래 의사가 있을 때만 교환하며, 사적인 질문은 피해야 한다. 제스처나 표현은 문화 차이를 고려해 신중히 사용한다.
4. 영국은 방문 전 약속은 필수이며, 근무시간을 고려해야 한다. 복장은 정장을 선호하고, 직함과 성을 함께 부른다. 감정을 드러내지 않고 정중한 표현을 쓰며, 과장된 몸짓은 자제한다.
5. 독일은 짧고 힘 있는 악수를 하고, 문서 중심의 커뮤니케이션을 선호한다. 약속은 전화와 이메일로 확정하며, 학력을 명함에 표기한다. 진지한 태도를 유지하고, 불필요한 칭찬이나 웃음은 자제한다.
6. 프랑스는 세련된 복장과 인사를 중시하고, 직접 만나 신뢰를 쌓는 것을 선호한다. 계약서 중심의 업무가 일반적이며, 구체적이고 검증된 자료를 준비하는 것이 중요하다.

친근한 분위기에서 대화하는 것을 선호한다.

7. 캐나다는 정장 또는 세미정장 복장이 적절하며, 인사는 악수로 한다. 약속은 이메일 또는 전화로 진행하고, 침착하고 조용한 대화를 선호한다. 명함 교환 방식은 문화 차이로 당황하지 않도록 한다.
8. 인도네시아는 이름과 호칭 사용에 주의하며, 느슨한 시간 개념과 느린 업무 속도를 이해하고 인내심을 가져야 한다. 왼손·발은 부정적으로 여겨 피하며, 비서진과의 관계도 중요하다.
9. 멕시코는 힘 있는 악수와 호칭 사용을 중시하며, 지위에 예민하다. 시간 개념이 느슨해도 침착한 태도가 요구된다. 문서 기반 합의가 중요하고, 유쾌한 분위기의 대화를 선호한다.

생각 나누기

1. 중국 바이어가 "조만간 연락하겠다"고 말했지만, 2주가 지나도 소식이 없습니다. 한국에서는 곧이라는 표현이 훨씬 빠른 시점을 의미합니다. 당신은 이 상황을 어떻게 해석하고 대응하시겠습니까? 문화적 표현 차이로 인한 오해를 줄이기 위한 대화 전략은?

2. 독일인 비즈니스 파트너의 명함에는 '박사(Dr.)'와 졸업 대학이 명시되어 있습니다. 그런데 한국 고객은 "너무 과시적"이라며 다소 불편한 인상을 받습니다. 당신은 명함에 학력·직함을 표시하는 것이 신뢰를 높이는 요소라고 생각하나요, 과한 자기 과시라고 보시나요? 문화적 인식을 어떻게 설명하겠습니까?

3. 인도네시아 파트너의 이름이 길고 어려워, 어떤 참석자가 "그냥 짧게 부르면 안 돼요?"라고 합니다. 당신은 상대 이름을 정확히 부르려는 노력이 매너라고 생각하나요? 발음이 어렵거나 낯설 때 어떻게 예의 있게 다가가야 할까요?

CHAPTER

13

스마트한 디지털 매너, 네티켓과 저작권

제13장

스마트한 디지털 매너, 네티켓과 저작권

오늘날 우리는 이메일, 채팅, 게시판, 온라인 게임 등 다양한 디지털 공간에서 소통하고 정보를 공유한다. 익명성이 강조되는 온라인 환경일수록 올바른 태도와 책임 있는 행동이 요구된다. 이 장에서는 디지털 시대의 예절인 네티켓과 기본적인 저작권 의식을 바탕으로, 건강한 디지털 시민으로서 지녀야 할 자세를 알아본다.

1 네티켓

네티켓(Netiquette)은 '네트워크(Network)'와 '에티켓(Etiquette)'의 합성어로, 온라인상에서 지켜야 할 예절과 태도를 의미한다. 단순한 규칙이 아닌, 상대방을 배려하고, 공동체를 존중하며, 자신의 행동에 책임지는 태도를 포함한다. 익명성 뒤에 숨는 것이 아니라, 현실 세계처럼 온라인에서도 공공성을 인식하고 예의를 갖추는 것이 핵심이다.

1.1 네티켓이 중요한 이유

1) 상호 존중의 실천

온라인상에서도 타인의 인격과 권리를 존중해야 한다. 무심코 던진 말 한마디가 누군가에게 상처가 될 수 있다. 상대의 시간, 감정, 사생활을 고려하는 태도는 기본이다.

2) 정보의 효율적 이용

불필요한 메시지나 자료 남용은 시스템 자원을 낭비하고, 정보의 흐름을 방해한다. 간결하고 명확한 표현을 통해 더 많은 사람이 효율적으로 정보를 이용할 수 있도록 돕는다.

3) 건강한 소통 문화 형성

네티켓이 잘 지켜지는 온라인 공간은 불필요한 갈등이 줄어든다. 실수나 오해에도 이성적인 대화가 가능하며, 갈등보다 화해와 공존의 분위기가 조성된다.

4) 사이버 공동체의 윤리 기반 마련

국적이나 문화가 다른 사람들과도 소통하는 온라인 시대, 네티켓은 디지털 공동체의 질서를 유지하는 기초가 된다. 이는 온라인 시민으로서 갖추어야 할 필수 윤리의식이다.

1.2 디지털 시대의 예절 — 버지니아 셰아의 네티켓 십계명

온라인 공간의 예절은 단순한 매너를 넘어서, 디지털 공동체의 신뢰와 질서를 지키는 데 꼭 필요한 윤리이다. 미국의 인성교육 전문가 버지니아 셰아(Virginia Shea)는 1994년 저서 『Netiquette』를 통해 사이버 시민이 지켜야 할 10가지 핵심 원칙을 제시했다. 이 십계명은 오늘날에도 여전히 디지털 커뮤니케이션의 기본 지침으로 통한다.

버지니아 셰아의 네티켓 십계명(요약정리)
• 화면 너머에도 사람이 있다는 것을 기억하라 익명성에 가려 상대방을 'ID'로 보지 말고, 실제 사람이라는 인식을 갖고 예의 바르게 대화한다. • 오프라인에서의 예절은 온라인에서도 유효하다 인터넷이라고 해서 도덕적 책임이 사라지는 것은 아니다. 현실의 기준으로 행동을

점검하라.

- 새로운 온라인 공간의 문화를 먼저 이해하라
  처음 접속한 커뮤니티나 채팅방에서는 분위기를 파악하고, 적응한 후 발언하는 것이 좋다.
- 타인의 시간과 시스템 자원을 소중히 여겨라
  중복된 메시지, 무의미한 글, 스팸 등은 상대방의 시간과 서버 자원을 낭비하게 한다.
- 자신의 디지털 정체성을 긍정적으로 표현하라
  공격적이거나 조롱하는 글은 피하고, 친절하고 논리적인 언어로 자신을 표현한다.
- 지식과 정보를 아낌없이 나누어라
  자신의 경험이나 정보를 공유함으로써, 더 나은 디지털 공동체를 만드는 데 기여할 수 있다.
- 논쟁 속에서도 감정을 조절하라
  감정적인 반응은 갈등을 키운다. 상대를 비난하기보다 논리적으로 설득하라.
- 사생활과 개인정보는 반드시 존중하라
  이메일, 전화번호, 사진 등의 개인 정보는 동의 없이 공개하지 않는다.
- 온라인 권한이나 기술을 남용하지 마라
  운영자, 관리자, 혹은 기술적으로 뛰어난 사용자라면 그 힘을 공익적으로 사용하라.
- 실수한 사람에게는 관용을 베풀어라
  온라인에 익숙하지 않은 사람의 실수는 너그럽게 받아들이고, 친절히 도와주는 태도를 지닌다.

2 스마트 커뮤니케이션의 기본, 이메일 네티켓

이메일은 전 세계적으로 널리 사용되는 온라인 커뮤니케이션 수단이다. 시공간의 제약 없이 메시지를 주고받을 수 있는 편리함이 있지만, 그만큼 정확하고 예의 있는 소통 태도가 요구된다.

비즈니스, 학업, 일상 소통 등 다양한 상황에서 이메일을 사용하는 만큼, 기본적인 매너와 책임 있는 사용 습관은 필수이다.

2.1 이메일 네티켓 13가지 기본 원칙

① 메일은 수시로 확인하고 정리한다. 중요한 메일을 놓치지 않도록 자주 확인하며, 스팸이나 불필요한 메일은 정리하여 관리한다.

② 비밀번호는 안전하게 관리한다. 타인과 공유하지 않고, 주기적으로 변경하여 이메일 계정의 보안을 유지한다.

③ 발신자 정보를 명확히 기재한다. 이름, 소속, 연락처 등을 메일 서두 또는 서명란에 포함시켜 수신자가 혼동하지 않도록 한다.

④ 제목은 간결하고 핵심 있게 작성한다. 제목만 보고도 메일의 내용을 파악할 수 있도록 요점을 담는다. 예: "회의 일정 변경 안내(6/15)"

⑤ 본문은 짧고 명확하게 작성한다. 군더더기 없는 문장으로 핵심만 전달하며, 어려운 표현보다는 쉬운 언어를 사용한다.

⑥ 불필요한 줄 바꿈이나 공백은 지양한다. 읽기 편한 구조를 유지하되, 형식적인 줄 나눔이나 과도한 공백 사용은 피한다.

⑦ 항상 정중한 표현을 사용한다. 공손한 말투를 유지하고, 불쾌감을 줄 수 있는 표현이나 감정적 언어는 삼간다.

⑧ 서명은 깔끔하고 단정하게 마무리한다. 이름, 소속, 직책, 연락처 등을 포함한 서명을 3~4줄 이내로 간결하게 정리한다.

⑨ 수신자 이메일 주소를 정확히 확인한다. 잘못된 수신 주소로 인한 정보 누출을 방지하기 위해, 발송 전 반드시 주소를 확인한다.

⑩ 감정적으로 작성한 메일은 잠시 멈춘다. 화가 난 상태에서는 메일을 작성하지 않으며, 시간을 두고 재검토한 후 발송한다.

⑪ 회신은 간결하게, 요점을 중심으로 한다. 상대의 원문 전체를 복사하지 말고, 필요한 내용만 간단히 요약하여 회신한다.

⑫ 내용 전달의 범위를 항상 고려한다. 이메일은 쉽게 전달될 수 있기 때문에, 민감하거나 사적인 내용은 신중하게 다룬다.

⑬ 체인메일이나 광고성 메일은 무시한다. 스팸, 행운의 편지, 광고성 메시지 등은 열지 말고 바로 삭제하여 정보 오염을 막는다.

3 디지털 대화 매너(채팅, 메신저, 게시판)

온라인 소통은 빠르고 편리하지만, 오해와 갈등이 쉽게 발생할 수 있는 공간이기도 하다. 특히 채팅이나 단체 메신저, 게시판 등에서는 글로 전달되는 메시지의 특성상 말보다 더 섬세한 배려와 주의가 필요하다. 이 장에서는 다양한 온라인 커뮤니케이션 상황에서 지켜야 할 기본 예절을 살펴본다.

3.1 채팅(실시간 대화) 네티켓

- 채팅은 여러 사람이 동시에 대화하는 열린 공간이다. 화면 너머의 사람들과 예의를 갖춘 대화 태도를 유지하는 것이 기본이다.
- 채팅방에 입장할 때는 먼저 인사하고 간단히 자기소개를 한다.
- 대화에 참여하기 전에는 현재 대화 흐름과 분위기를 살핀 후 참여한다.
- 말하기 전 한 번 더 생각하고, 상대방을 존중하는 태도로 메시지를 작성한다.
- 여러 명이 동시에 대화할 때는 누구에게 말하는지 명확히 표현한다.
- 사적인 이야기, 감정적인 언행은 자제하며, 대화 주제에서 벗어나지 않도록 한다.
- 광고, 홍보, 체인 메시지 등은 대화 흐름을 방해하므로 삼간다.
- 비속어, 욕설, 유언비어, 타인 비방은 절대 금지이며, 법적 문제로 이어질 수 있다.
- 존칭 사용과 기본적인 언어 예절을 지키고, 다른 사람의 아이디를 도용하지 않는다.
- 이모티콘과 기호는 대화를 부드럽게 만드는 수준에서 적절히 사용하는 것이 좋다.

3.2 단체 메신저(예: 카카오톡) 네티켓

- 단체 메신저는 빠른 소통이 가능하지만, 무분별한 메시지는 불편을 초

래할 수 있다. 특히 학업이나 업무 관련 단체방에서는 정보 전달의 정확성과 예의가 중요하다.

- 채팅방에 사람을 초대할 때는 사전 동의를 구하는 것이 기본적인 예의이다.
- 방의 목적이 명확하다면, 잡담이나 관련 없는 사진 공유는 자제한다.
- 개인적인 조언이나 긴 대화는 1:1 대화로 전환하고, 긴급한 경우에는 전화 연락을 고려한다.
- 메시지를 보내기 전, 수신 대상과 내용의 적절성을 다시 한 번 확인한다.
- 채팅방이 불편하거나 필요 없을 경우 자유롭게 나갈 수 있으며, 이를 존중해야 한다.
- 업무방에서는 이모티콘이나 유머도 절제하여 신중하게 사용한다.
- 업무 외 시간(심야, 휴일 등)에는 메시지 발송을 자제하거나 '매너 타임'을 지키는 습관이 필요하다.
- 반복되는 알림이 불편할 경우, 무음 설정 기능을 활용하여 피로감을 줄인다.

3.3 정보 공유의 기본, 게시판 네티켓

온라인 게시판은 불특정 다수와 의견을 주고받는 공공의 공간이다. 글을 작성할 때는 타인을 배려하는 표현과 정확한 정보 전달이 기본이다.

- 제목은 내용을 명확히 드러내며 간결하게 작성한다.
- [질문], [정보], [공지] 등 말머리를 붙여 글의 성격을 미리 알린다.
- 본문은 핵심부터 제시하는 두괄식 구조로 작성하며, 이유와 근거는 그 뒤에 덧붙인다.
- 사실 여부가 확인되지 않은 정보나 소문은 올리지 않는다.
- 맞춤법과 문장을 정확하게 써서 가독성을 높인다.
- 공손한 말투를 사용하고, 다른 사람에게 불쾌감을 줄 표현은 삼간다.

- 의견이 다르더라도 무리한 반박보다는 존중하는 태도를 유지한다.
- 욕설, 비방, 저작권 침해 자료(음악, 사진, 영상 등)는 절대 게시하지 않는다.

3.4 게임도 매너다, 온라인 게임 네티켓

온라인 게임은 단순한 놀이를 넘어 디지털 스포츠로 자리 잡고 있다. 게임을 즐기는 사람도 스포츠맨십과 예의를 갖춘 태도가 필요하다. 패배했다고 감정적으로 행동하거나, 게임 중간에 나가는 행위는 바람직하지 않다. 대화 시에는 항상 존댓말을 사용하고, 상대방을 배려하는 태도를 지닌다. 결과와 상관없이 상대방의 노력에 대해 칭찬과 감사의 표현을 아끼지 않는다. "즐거운 시간이었습니다."라는 한 마디가 게임 문화를 더욱 성숙하게 만든다.

3.5 허위정보의 확산과 예방 방법

인터넷과 SNS는 정보를 손쉽게 공유할 수 있는 강력한 수단이지만, 그만큼 허위정보나 왜곡된 사실이 빠르게 퍼질 위험성도 내포하고 있다. 특히 자극적인 제목이나 감정에 호소하는 영상은 사용자의 클릭을 유도하기 위해 사실과는 다른 방식으로 내용을 전달하기도 한다. 이로 인해 사실처럼 보이지만 근거 없는 정보가 진실처럼 소비되는 현상이 발생한다.

1) 허위정보는 왜 만들어지고, 어떻게 퍼지는가?

허위정보는 단순한 실수가 아닌 의도적 조작에 의해 생산되는 경우가 많다. 그 목적은 다양하지만 대체로 다음과 같은 경우가 많다.

- 경제적 목적: 클릭 수에 따라 광고 수익을 얻는 이른바 '클릭 장사'
- 정치적 목적: 특정 인물이나 정당에 대한 인식 왜곡 및 여론 조작
- 사회적 분열 조장: 특정 집단 간 갈등을 유도하여 혼란을 일으키기 위한 목적
- 개인적 관심 유도: 유명세나 화제성을 노리는 허위 주장

특히 SNS에서는 사람들이 자주 공유하는 내용일수록 신뢰도가 높은 것처럼 오해되기 쉬워, 잘못된 정보가 더 빠르게 확산될 수 있다. 이를 확증 편향(confirmation bias)이라고 하며, 사용자가 이미 믿고 싶은 정보만 받아들이는 심리 현상이다.

2) 허위정보를 구별하고 예방하는 방법

디지털 시대의 시민은 정보 수용자이자 유통자이다. 허위정보를 줄이기 위해서는 정보에 대한 비판적 사고와 검증 습관이 필요하다.

① 출처 확인하기: 정보가 어디에서 나왔는지, 공식 기관이나 신뢰할 수 있는 언론사인지 확인. 포털 뉴스가 아닌 블로그나 유튜브라면 검증되지 않은 개인 의견일 가능성이 높음

② 작성일과 맥락 파악하기: 과거 정보를 최근 사건처럼 왜곡하는 경우 있음. 작성 날짜, 인용된 사건의 시점과 일치 여부 확인 필요

③ 취재원과 사실 기반 여부 검토하기: "~에 따르면", "관계자 말에 의하면"처럼 출처가 불분명한 표현은 주의. 객관적인 데이터나 공식 발표인지 확인

④ 다른 보도와 비교하기: 다른 언론사나 공신력 있는 매체에서 동일한 내용을 보도했는지 비교. 사실이 아닌 경우, 단독 기사 형태로만 존재할 가능성 있음

⑤ 홍보 목적 여부 판단하기: 특정 기업, 인물, 제품을 긍정적으로 부각시키는 경우. 기사인지 광고인지 구분이 어려운 콘텐츠는 의심하고 따져볼 필요 있음

⑥ 정보 전달 시 책임감 갖기: 단순한 공유도 허위정보 유포에 해당할 수 있음. 친구나 가족에게 전달하기 전에 "이 정보는 정말 사실일까?"를 한 번 더 점검

3.6 원격 접속과 파일 전송의 예절

Telnet(원격 접속)과 FTP(파일 전송)는 떨어진 장소 간에 데이터를 주고받을 수 있는 효율적인 정보 공유 수단이다. 그러나 이러한 기술은 단순한 편리함을 넘어, 정확한 사용법과 디지털 윤리에 대한 인식이 함께 요구된다. 원격 접속을 할 경우, 먼저 접속한 호스트에서 제공하는 공지사항이나 규정을 확인하는 것이 기본 예절이다.

파일을 서버에 업로드할 때에는 이미 동일한 자료가 있는지 확인하고, 바이러스 감염이나 오류 여부를 미리 점검해야 한다. 대용량 파일을 전송할 경우에는 압축하거나 분할하여 상대방의 시간과 서버 자원을 고려하는 배려가 필요하다.

자료를 다운로드할 때는 반드시 저작권이나 상표권 등 지적재산권의 보호 여부를 확인하고, 허용된 범위 내에서 이용한다. 공용 컴퓨터보다는 개인 PC나 개인 저장장치(USB 등)에 자료를 저장하여 개인정보 유출을 방지한다. 타인의 창작물이나 저작권 보호 파일을 허락 없이 공유하거나 배포하는 행위는 명백한 불법이며, 디지털 윤리를 훼손하는 행동이다.

4 창작을 지키는 권리, 저작권

사람은 자신의 생각이나 감정을 다양한 방식으로 표현하며 살아간다. 말, 글, 그림, 음악, 사진, 영화, 소프트웨어 등 이처럼 창작의 결과물은 저마다의 독창성을 지닌다.

저작권(Copyright)은 이러한 창작물, 즉 저작물에 대해 창작자가 가지는 권리를 의미한다. 이는 단순한 아이디어가 아니라, 구체적으로 표현된 창작 결과물에 부여되는 법적 권리다.

물건을 만든 사람이 그것을 소유하듯, 저작물도 창작자가 사용과 복제, 배포 등을 통제할 수 있는 권리를 갖는다. 단, 누구나 표현할 수 있는 일반적인 사실이나 간단한 아이디어 자체는 보호 대상이 아니다. 그러나 개성 있게 표현된 결과물, 예를 들어 어린이의 그림이나 일기처럼 소박한 것도 보호받을 수 있다.

4.1 저작물이 되기 위한 두 가지 요건

1) 독창성이 있을 것

단순한 모방이 아니라 창작자의 개성이 드러나야 한다.

2) 표현되어 있을 것

단순한 생각이 아니라, 외부에서 인식 가능한 형태로 표현되어야 한다.

예를 들어 머릿속의 아이디어는 보호되지 않지만, 그것을 글이나 그림 등 구체적인 형태로 표현하면 보호 대상이 된다.

저작물의 유형은 매우 다양하며 다음과 같은 범주가 포함된다.

- 어문저작물: 시, 소설, 수필, 강연, 논문 등
- 음악저작물: 악보, 가사, 음악 파일 등
- 미술 및 사진저작물: 회화, 디자인, 사진 등
- 영상 및 연극저작물: 영화, 드라마, 연극 등
- 컴퓨터프로그램저작물: 앱, 소프트웨어 등

4.2 왜 저작권이 중요한가?

저작권은 단지 창작자를 보호하는 법적 장치를 넘어서, 문화와 산업 발전의 기반이 되는 제도다. 창작자가 경제적 안정 속에서 창작활동을 지속할 수 있게 해주며, 사회적으로는 지속가능한 문화산업 생태계를 조성하게 된다. 이는 창작자·사용자·국가 모두가 이익을 얻는 구조를 만드는 기반이 되며, 결국 저작재산권의 보호는 지식과 문화의 발전, 그리고 창조산업의 성장으로 이어진다. 또한 대한민국 헌법 제22조는 저작권 보호를 국가의 책무로 명시하고 있다. 저작물은 창작자의 생각과 감정이 담긴 인격적 표현이기도 하므로, 저작권 보호는 인격권의 보호라는 측면도 갖는다.

저작권을 보호하면 다음과 같은 사회적 효과가 나타난다.

- 창작자는 자신의 권리를 지키고 안정적으로 창작할 수 있다.
- 사회는 다양한 콘텐츠를 향유하고, 문화 수준이 향상된다.
- 국가는 콘텐츠 수출을 통해 문화 산업의 경쟁력과 경제적 이익을 창출할 수 있다.
- 결국 저작권은 개인의 창작 보호를 넘어, 사회 전체의 문화적 풍요와 산업 발전을 이끄는 핵심 제도라고 할 수 있다.

4.3 저작권의 구성: 인격권과 재산권

저작권은 창작자가 자신이 만든 창작물에 대해 갖는 권리이며, 크게 저작인격권과 저작재산권으로 나뉜다. 이 두 가지 권리는 각각 창작자의 인격 보호와 경제적 권리 보호라는 측면에서 중요한 의미를 지닌다.

1) 저작인격권

저작인격권은 창작자가 자신의 작품에 대해 정신적·인격적 권리를 갖는 것을 말한다.

이는 창작자의 명예와 정체성을 보호하기 위한 권리로, 어떤 경우에도 타인에게 양도되거나 상속되지 않는다. 즉, 창작자의 생애와 일치하는 고유한 권리다.

주요 권리는 다음과 같다.

- 공표권: 창작자가 저작물을 세상에 공개할지 여부, 시기와 방식까지 스스로 결정할 수 있는 권리
- 성명표시권: 저작물에 자신의 이름(본명, 필명, 예명 등)을 표시하거나, 표시하지 않을 권리
- 동일성유지권: 저작물의 내용이나 형식이 원작자의 의도와 다르게 변경

되는 것을 막는 권리

이러한 권리는 창작자의 자율성과 명예를 지키기 위해 반드시 보장되어야 하며, 창작물에 대한 인격적 연결을 유지할 수 있게 해준다.

2) 저작재산권

저작재산권은 창작물이 경제적 가치를 가질 수 있도록 해주는 권리이다. 저작자는 이를 통해 자신의 창작물을 복제하거나 유통하고, 그 대가를 받을 수 있다. 인격권과는 달리, 이 권리는 양도하거나 상속할 수 있으며, 각 권리별로 독립적인 행사도 가능하다.

대표적인 권리 항목은 다음과 같다.

- 복제권: 저작물을 인쇄하거나 디지털 파일로 복사할 수 있는 권리
- 공연권: 음악, 연극, 영상 등을 다수에게 상영하거나 공연할 수 있는 권리
- 공중송신권: 방송, 인터넷 등을 통해 저작물을 송출하거나 스트리밍 제공할 수 있는 권리
- 전시권: 미술, 사진 등의 저작물을 전시할 수 있는 권리
- 배포권: 저작물의 원본이나 복제본을 판매, 배포할 수 있는 권리
- 2차적 저작물 작성권: 원작을 바탕으로 번역, 편곡, 각색 등의 새로운 저작물을 만들 수 있는 권리
- 대여권: 음악 CD나 소프트웨어 같은 상업용 콘텐츠를 유료로 빌려줄 수 있는 권리(※ 단, 책이나 영화 등은 대여권이 적용되지 않음)

저작재산권을 보유한 사람은 해당 저작물을 이용하려는 타인에게 사용허락(라이선스)을 주고, 이용료나 사용료를 받을 수 있다. 만약 저작권자의 동의 없이 무단 사용이 발생하면, 법적으로 손해배상 청구 또는 형사 처벌을 요구할 수 있다.

4.4 저작물 보호기간과 이용의 한계

저작권은 창작자의 권리를 보호하고 창작 활동을 장려하기 위한 제도다. 그러나 창작물은 시간이 흐르면 공공 자산이 되어야 하며, 후속 창작의 자원이 될 수 있어야 한다.

이 때문에 저작권은 영구적인 권리가 아니라, 일정한 보호기간을 가진 제한적 권리로 운영된다.

1) 저작권 보호기간

저작권 보호는 다음 기준에 따라 적용된다.

- 개인 창작물: 창작자의 생존 기간+사망 후 70년간 보호
- 공동 저작물: 참여자 중 마지막 생존한 저작자 사망 후 70년간 보호
- 법인·단체가 저작자인 경우: 창작물이 공표된 다음 해부터 70년간 보호

보호기간이 만료되면 해당 저작물은 공공재(Public Domain)로 전환되어 누구나 자유롭게 사용할 수 있다. 이는 창작물의 순환적 활용을 통해 문화의 다양성과 풍요로움을 확대하려는 취지이다.

2) 저작권의 예외와 공정 이용

모든 콘텐츠가 저작권 보호 대상이 되는 것은 아니다.

◆ 보호 대상 제외 예

헌법, 법률, 조례, 규칙 등의 공공 문서, 통계자료, 판결문, 행정지도 등 공익적 성격이 강한 문서

또한, 저작권법은 사회적 이익과 창작의 순환을 위해 일정 조건 아래에서는 허락 없이도 저작물을 사용할 수 있도록 한다. 이를 공정 이용(Fair Use) 또는 저작권 제한 규정이라 부른다.

◆ 대표적인 공정 이용 사례

학교 수업에서의 교재 활용, 비영리 목적의 연구나 교육 활동, 보도·비

평·논평·인용 등 사회적 의의가 있는 정보 활용, 도서관이나 기록보관소에서의 보존 목적 복제

이러한 예외 조항은 저작권자의 권리를 침해하지 않으면서도 사회 전체의 정보 접근성과 창작 기회를 보장하는 역할을 한다.

보호받지 못하는 저작물의 예
헌법, 법률, 조약, 명령, 조례, 규칙 국가 또는 지방자치단체의 고시, 공고, 훈령 등 법원의 판결, 결정, 명령 및 행정기관의 결정 위 문서들을 국가 또는 지방자치단체가 편집하거나 번역한 문서 사실의 전달에 불과한 시사 보도

5 CCL(Creative Commons License) 개념과 사용법

5.1 자유 이용을 위한 저작권 표시 제도

타인의 창작물을 사용할 때는 일반적으로 저작권자의 허락이 필요하다. 그러나 어떤 저작물은 창작자가 특정 조건 하에 자유로운 이용을 미리 허락해 놓은 경우가 있다. 이럴 때 활용되는 제도가 바로 CCL(Creative Commons License)이다.

CCL은 저작권자가 자신의 저작물에 대해 일정한 조건을 설정하고, 그 조건 안에서 누구나 자유롭게 이용할 수 있도록 허락하는 표시 방식이다. 이를 통해 사용자는 개별적으로 허락을 구하지 않아도 명시된 조건을 지키기만 하면 저작물을 합법적으로 활용할 수 있다.

1) CCL 저작물을 사용할 때의 주의사항

CCL이 붙은 저작물이라고 해서 무조건 '자유이용'이 가능한 것은 아니다.

사용자는 반드시 출처와 저작자 이름을 명확히 표시해야 하며, 설정된 이용 조건을 정확하게 이해하고 지켜야 한다.

2) CCL의 4가지 기본 이용 조건

CCL에는 다음과 같은 네 가지 기본 조건이 있으며, 저작권자는 이들 중 하나 이상을 선택하여 조합할 수 있다.

〈CCL의 4가지 기본 원칙〉

저작자 표시(BY)	저작자의 이름 또는 출처를 반드시 표시해야 한다.
비영리(NC)	영리 목적의 사용은 금지되며, 영리로 이용하고자 할 경우 저작권자의 별도 허락을 받아야 한다.
변경 금지(ND)	저작물을 변경하거나 2차 저작물로 가공하여 사용하는 것을 금지한다.
동일조건변경허락(SA)	저작물을 변경하거나 2차 저작물을 만들 수 있으나, 원 저작물과 동일한 라이선스를 부착해야 한다.

예를 들어, CCL 표시가 “BY−NC−SA”라면 “저작자 이름을 표시하고, 비영리 목적에 한하며, 동일한 조건으로 공유해야 함”을 의미한다.

5.2 CCL의 6가지 자유이용허락 조건

CCL(Creative Commons License)은 저작권자가 설정한 4가지 기본 원칙을 조합하여 만들어지며, 이를 통해 총 6가지 유형의 이용 허락 조건이 구성된다. 이러한 조건은 아이콘이나 기호로 직관적으로 표시되어, 사용자들이 해당 저작물이 어떤 방식으로 사용 가능한지 쉽게 파악할 수 있도록 도와준다.

1) 저작자표시(BY)

- 조건: 저작자 이름, 출처, CCL 유형을 명확히 표시
- 허용 범위: 상업적 사용, 수정, 편집, 2차 창작 등 모든 형태의 이용 허용
- 특징: 가장 개방적인 조건으로, 출처만 정확히 밝히면 자유롭게 활용 가능

2) 저작자표시 + 비영리(BY-NC)

- 조건: 저작자명과 출처, CCL 조건 명시
- 허용 범위: 비영리 목적에 한해 수정·활용 가능
- 주의: 상업적 이용은 불가하며, 영리적 사용 시 저작권자의 별도 허락 필요

3) 저작자표시 + 변경금지(BY-ND)

- 조건: 출처 및 저작자명 표시
- 허용 범위: 원본 그대로의 복제, 전시, 공유는 가능
- 제한 사항: 수정, 번역, 각색, 영상화 등 2차적 저작물 제작은 금지

4) 저작자표시 + 동일조건변경허락(BY-SA)

- 조건: 출처 및 저작자명 명시
- 허용 범위: 수정, 번역, 2차 창작 가능
- 주의: 변경 후 새로 만든 창작물에도 반드시 동일한 CCL 조건 적용

5) 저작자표시 + 비영리 + 동일조건변경허락(BY-NC-SA)

- 조건: 저작자명, 출처, 라이선스 조건 명시
- 허용 범위: 비영리 목적으로 수정·편집 가능
- 제한사항: 2차적 저작물은 같은 조건(BY－NC－SA)으로 공유해야 함
- 주의: 상업적 사용은 금지이며, 별도 허락 필요

6) 저작자표시 + 비영리 + 변경금지(BY-NC-ND)

- 조건: 저작자명과 출처 명시
- 허용 범위: 비영리 목적의 원본 그대로 사용만 가능
- 제한 사항: 상업적 이용과 2차 창작 모두 금지
- 특징: 가장 제한적인 형태로, 단순 공유만 허용

유 형	조건 조합	설 명
CC BY	저작자표시	출처만 표기하면 자유롭게 이용 가능
CC BY-SA	저작자표시+동일조건변경허락	출처 표시+동일 조건으로만 2차 창작 가능
CC BY-ND	저작자표시+변경금지	출처 표시하되 원본 그대로만 사용 가능
CC BY-NC	저작자표시+비영리	출처 표시+비영리 목적만 허용
CC BY-NC-SA	저작자표시+비영리+동일조건 변경허락	비영리+출처+동일 조건 2차 창작만 허용
CC BY-NC-ND	저작자표시+비영리+변경금지	출처 표시+비영리+원본 그대로 사용만 허용

CCL 저작물을 사용할 때는 반드시 저작자 이름, 출처, 라이선스 유형을 정확히 표기해야 한다. 조건을 위반할 경우, 법적 책임이 따를 수 있다. 자신이 만든 창작물에도 CCL을 적용하면 합법적인 공유와 확산이 가능해진다.

CC BY(저작자 표시)
저작자의 이름, 저작물의 제목, 출처 등 저작자에 관한 표시를 해야 함

CC BY-NC(저작자 표시-비영리)
저작자에 관한 표시를 하면 자유롭게 이용 가능하지만, 상업적으로 이용은 금지 함

CC BY-ND(저작자 표시-변경금지)
저작자에 관한 표시를 하면 자유롭게 이용 가능하지만, 변경없이 이용해야 함

CC BY-SA(저작자 표시-동일조건변경허락)
저작자에 관한 표시를 하면 자유롭게 이용 · 변경도 가능하지만,
2차 저작물에 대해 원 저작물과 동일한 라이선스를 적용 함

CC BY-NC-SA(저작자 표시-비영리-동일조건변경허락)
저작자에 관한 표시를 하면 자유롭게 이용 가능하지만, 상업적으로 이용은 금지하며,
2차 저작물에 대해 원 저작물과 동일한 라이선스를 적용 함

CC BY-NC-ND(저작자 표시-비영리-변경금지)
저작자에 관한 표시를 하면 자유롭게 이용 가능하지만, 상업적으로 이용할 수 없고,
변경없이 그대로 이용해야 함

사진출처: https://blog.naver.com/koil1105/222004115989

5.3 CCL, 왜 중요한가?

CCL은 단순히 이용 허락을 나타내는 마크를 넘어서, 저작물 보호와 자유로운 공유의 균형을 추구하는 제도이다. 저작권자가 스스로 설정한 조건을 통해 타인의 무단 사용을 방지하면서도, 자신의 창작물이 널리 퍼지기를 원하는 경우에 유용하게 활용할 수 있다.

사용자 입장에서도, CCL이 표시된 저작물을 활용할 때 저작권자의 허락을 일일이 구할 필요 없이 조건만 준수하면 합법적으로 사용할 수 있어 실용적이다.

CCL을 올바르게 이해하고 실천하는 것은 곧 타인의 권리를 존중하고, 자신의 창작물도 보호할 줄 아는 디지털 시민의 자세를 의미한다. 특히 인터넷상에서 이미지, 영상, 음악, 텍스트 등을 쉽게 가져다 쓰는 시대에는 이러한 저작권 인식과 CCL의 이해가 더욱 중요하다.

학습내용 요약

1. 네티켓의 핵심 정신은 인간 존중과 상호 배려이며, 불법 행위나 비윤리적인 행동으로 인한 피해를 예방할 수 있다.
2. 이메일을 보낼 때는 제목, 수신자 확인, 간결한 내용 작성, 서명, 맞춤법과 첨부파일 용량 등을 고려해야 하며, 단체 채팅방에서는 초대 전 동의, 매너타임 설정, 이모티콘 사용 절제, 무음처리와 같은 기본적인 예절을 지켜야 한다. 허위정보에 대한 판별 기준도 함께 학습하였는데, 출처 확인, 기사 비교, 상업적 의도 유무 등을 통해 정보를 비판적으로 판단해야 한다.
3. 저작권은 창작자가 자신의 저작물에 대해 가지는 권리로, 창작 활동을 보호하고 장려하기 위한 제도이다. 저작자의 인격을 보호하는 저작인격권과 경제적 이익을 보장하는 저작재산권으로 나뉘며, 대부분의 저작물은 창작자 사망 후 70년까지 보호된다. CCL은 '저작자표시', '비영리', '변경금지', '동일조건변경허락'의 조합에 따라 6가지 유형으로 구분되며, 이를 정확히 이해하고 올바르게 사용하는 것이 중요하다.
4. 저작권과 네티켓은 모두 타인의 권리를 존중하고, 건강한 디지털 문화를 만들어가기 위한 기본적인 소양이다. 우리는 창의성과 정보의 공유가 조화롭게 이루어지도록, 온라인 공간에서도 책임 있는 태도를 지녀야 한다.

생각 나누기

1. 당신이 속한 수업 단체 톡방에서 어떤 친구가 수업과 관련 없는 사진과 이모티콘을 자주 올립니다. 다른 친구들은 알림 소리에 집중이 어렵다고 말합니다. 당신은 이런 상황을 어떻게 조율하시겠습니까? 단체 채팅방의 '표현의 자유'와 '배려의 의무'는 어떤 기준으로 조화되어야 한다고 생각하나요?

2. 친구가 인터넷에서 찾은 블로그 글을 그대로 PPT에 옮겨 사용했습니다. 발표 후 교수님이 저작권 침해 가능성을 지적합니다. 친구는 "검색해서 나온 건 공공재 아니야?"라고 말합니다. 당신은 이 상황에서 저작권과 공유의 차이를 어떻게 설명하겠습니까? 정보의 자유로운 활용과 창작자 권리는 어떻게 균형을 잡아야 할까요?

3. 한 학생이 SNS에 기사 하나를 공유했는데, 이후 그것이 '사실이 아닌 가짜 뉴스'로 확인됩니다. 학생은 "그냥 공유만 했을 뿐인데…"라고 말합니다. 당신은 정보 전달자의 책임은 어디까지라고 생각하십니까? '의도 없는 공유'도 책임이 따를까요?

4. 학교 축제 포스터를 디자인한 동아리에서 상업용 사용이 금지된 폰트를 무단으로 사용했습니다. 결과물이 SNS에 게시되자 폰트 회사에서 사용 중단을 요청했습니다. 당신은 이 사건을 어떻게 해결하고, 다시는 같은 일이 일어나지 않도록 어떤 지침을 제안하시겠습니까?

참고자료

글로벌 매너와 에티켓 - 이종호 (새로미)
비즈니스 매너와 글로벌 에티켓 - 오정주, 권인아 (한올)
이문화의 이해와 글로벌 에티켓 - 이경미 (한올)

Tistory 블로그-인사총무전문가 https://www.tistory.com
5분 통합사회 - 문화를 이해하는 태도 ebsi 고교강의
https://www.yeongnam.com/web/view.php?key=20201110010001432
공유마당 https://gongu.copyright.or.kr
다양한 문화권의 특징 http://kocw.xcache.kinxcdn.com/KOCW/document/2019/keris/edu6/9.pdf
버지니아 셰아의 『netiquett』 www.albion.com/netiquett/index.html
슈퍼루키 https://www.superookie.com/contents/615e97d28b129f50674b6df7
안양산업진흥원 https://www.ayventure.net
알아두면 언젠간 써먹을 '엘리베이터 예절' https://naver.me/xYTiOjI9
영남일보 오피니엄 [우리말과 한국문학] 언어는 문화를 담는 그릇
외교부 홈페이지 https://www.mofa.go.kr
우리가 몰랐던 세계 각지의 독특한 인사법 10가지
정보통신윤리위원회 www.icec.or.kr
종교와 금기음식 https://www.joongang.co.kr/article/23991127
종교와 복장 http://slownews.kr/57616 종교와 복장
중국에 관한 모든 것 china-pedia.tistory.com
중앙일보 www.joongang.co.kr/article
찾기 쉬운 생활법령정보 https://easylaw.go.kr
한국무역신문 weeklytrade.co.kr
한국저작권위원회 https://www.copyright.or.kr
현대패션에 나타난 종교적 모티브 https://koreascience.kr/article/JAKO201018754423654.pdf

[저자 약력]

홍 지 숙

현재 경일대학교 항공서비스학과 교수로 재직 중이며, 인천국제공항과 김해국제공항의 공항직 채용 면접관으로도 활동하고 있습니다.

대한항공 국제선 객실승무원으로 11년간 근무하며 현장 중심의 서비스 실무 경험을 쌓았고, 이후 더아이엠씨 빅데이터 연구원으로 활동하며 고객 경험 개선과 데이터 분석 역량을 함께 갖추었습니다.

서비스와 소비자 심리에 대한 깊은 관심은 교육 현장으로 진로를 확장하는 계기가 되었고, 대구대학교 관광경영학과 외래교수, 수성대학교 호텔관광항공학과 교수로 재직하며 항공서비스 및 관광 분야의 실무 기반 교육을 이끌어 왔습니다. 특히 서비스 산업의 변화 흐름과 디지털 전환에 대한 이해를 바탕으로, 미래를 준비하는 실용적 교육에 집중하고 있습니다.

신 정 민

현재 대구가톨릭대학교 글로벌항공서비스학과 교수로 재직 중이며, 인천국제공항과 김해국제공항 산하의 공항직 채용 면접관으로 활발하게 활동하고 있습니다. 아시아나항공 공항 여객서비스 부문에서 현장 실무 경험이 있으며, 필리핀 세부 ㈜ TMJ Agency에서는 교육팀장으로 글로벌 교육 콘텐츠 기획과 실무자 양성에 기여하였습니다.

계명대학교 관광경영과 외래교수, 계명문화대학교 호텔항공외식관광학부 산학협동경임교수를 역임하며 항공서비스 교육 분야에서 전문성과 경험을 쌓았고, 현재는 대학 교육과 더불어 다양한 산업 현장과의 연계를 통해 실무 중심의 교육과 진로 지도를 이어가고 있습니다.

특히 학생들의 성공적인 항공분야 취업 지원으로 여러 기관에서 공로상을 수상한 바 있으며, 풍부한 실무 경험과 교육 현장을 아우르는 통합적 시각으로 학생들에게 서비스 전문가의 태도와 글로벌 커뮤니케이션 역량을 전하고 있습니다.

글로벌 문화와 매너

초판발행 2025년 8월 29일

지은이 홍지숙 · 신정민
펴낸이 김중용

편 집 심성보 · 김인숙

펴낸곳 도서출판 정독
경기도 고양시 일산서구 하이파크로 113, 102-204
등록 제406-2014-000093호
전 화 031)924-7203 팩 스 031)935-0345
홈페이지 www.jeongdok.co.kr 이메일 admin@jeongdok.co.kr
ISBN 979-11-6858-390-0 93320

정 가 18,000원